Manuel de maîtrise de soi

pour déjouer les manipulations et prendre le dessus !

Gilles Azzopardi

Manuel de maîtrise de soi

pour déjouer les manipulations et prendre le dessus !

FIRST
Editions

ISBN : 978-2-7540-1249-2
Dépôt légal : 3e trimestre 2009

Conception couverture : Olivier Frenot
Correction : Anne-Lise Martin
Mise en page : Catherine Kédémos

Imprimé en France

Éditions First
60, rue Mazarine
75006 Paris – France
Tél. : 01 45 49 60 00
Fax : 01 45 49 60 01
E-mail : firstinfo@efirst.com
Internet : www.editionsfirst.fr

SOMMAIRE

III. Prendre le pouvoir

Introduction

Comme tout le monde, vous avez le sentiment de faire des concessions, des compromis, d'avaler votre part de couleuvres. Pourtant, vous ne cédez ni aussi souvent que vous le devriez ni, surtout, assez tôt. On a tous tendance à « s'accrocher ». C'est un réflexe animal. On protège instinctivement son territoire, ses acquis, ses privilèges. Certains sont prêts à se faire tuer pour défendre leurs racines, leurs traditions ou leur lopin de terre. Plutôt mourir qu'accepter de perdre, de s'adapter à des réalités nouvelles.

Ce réflexe joue à tous les niveaux dans notre vie quotidienne. Il joue pour des choses essentielles, quand on est personnellement très impliqué. On se cramponne à un amour, même s'il est déjà mort. On s'accroche à un job, même s'il n'est pas fait pour soi. Mais aussi pour des riens, alors qu'on n'est pas vraiment concerné. Quelqu'un est en train de téléphoner dans une cabine, la conversation est presque terminée, il va raccrocher. Vous vous approchez d'un peu trop près, vous avez aussi besoin de téléphoner, automatiquement la conversation repart. Inconsciemment, l'autre s'accroche.

De même, lors d'une discussion : il suffit souvent que quelqu'un ne soit pas d'accord pour qu'on s'obstine. Parfois on préfère se fâcher plutôt que lâcher du lest, reconnaître :

« Tu sais, au fond je m'en fiche, tu as peut-être raison. » On s'accroche par réflexe, mais aussi par amour-propre. Fort de sa vérité ou de ses droits, on met souvent à mal sa tranquillité d'esprit ou l'harmonie de ses relations.

Bien sûr, c'est contrariant de se faire doubler dans une file d'attente. Mais cela l'est moins quand on laisse aller, quand on évite l'altercation. Bien sûr, c'est agaçant que la personne qui partage votre vie fasse sans cesse des caprices d'enfant gâté. Mais cela l'est toujours moins si vous n'en faites pas chaque fois une occasion de reproche.

Nous vivons aujourd'hui dans une société d'extrême violence psychologique. Des rats mis dans les mêmes conditions de stress que nous (l'expérience a été faite) meurent en trois jours. Et pourtant les rats sont extrêmement résistants et champions de l'adaptation.

L'alternative est simple. Ou prendre sur soi, encaisser, être tour à tour victime (des plus forts) ou bourreau (des plus faibles). Ou alors, apprendre à décrocher, à lâcher prise, autrement dit à se maîtriser.

La maîtrise de soi, c'est un art de vivre et aussi quelques règles.

Première règle : faire seulement ce pour quoi on est fait, suivre sa nature profonde

Si vous n'êtes pas fait pour la « vie à deux », le « jardin d'enfants », abstenez-vous. Vous n'êtes pas obligé de faire « comme tout le monde ». Quand vous devez faire quelque chose, faites-le pour vous, pas en fonction du regard ou des pressions des autres. De même, si vous n'êtes pas doué pour le piano ou le jogging, laissez tomber. Ne vous butez pas sous prétexte que cette activité est très chic, à la mode ou bonne pour la santé. Vous avez sans doute d'autres talents ailleurs, moins laborieux, plus naturels.

Les choix, comme les choses, doivent se faire par affection, par passion, sinon ils sont mauvais, et elles sont mal faites. Laissez parler vos sentiments, vos intuitions. Soyez souple, fluide. En amour, ou dans le travail, rien de ce qui s'obtient à l'arraché n'est tenable, durable. Une affection, une position, un avantage conquis par la force (de la volonté ou de la séduction), au prix d'une compétition acharnée, ne sont jamais certains, garantis dans la durée. Ils demandent encore plus d'énergie et d'efforts pour être gardés que pour se gagner. Ils sont générateurs d'angoisses (à l'idée de les perdre), de stress (pour les préserver). Plus le temps passe, et plus ils sont difficiles à gérer, à défendre.

Deuxième règle : décrocher systématiquement en cas de problème

D'abord, limitez les sources de conflits. On a tous bien assez de problèmes pour s'en créer d'autres. Cela veut dire fuir autant que possible les relations problématiques, bien choisir ses fréquentations. Il vaut mieux s'entourer de personnes dont on partage les mêmes valeurs, les mêmes idéaux ou le même style de vie. Les motifs de désaccord sont ainsi plus rares, moins durables.

Mais, même avec ses proches (surtout avec eux) il faut esquiver, refuser les affrontements. Comme disaient nos grand-mères : « On ne parle pas politique ou religion à table. » Ne défendez pas à n'importe quel prix votre territoire ou votre point de vue. Si vos idées, vos projets ne conviennent pas, renoncez. Au moins, provisoirement. Si votre style, vos manières ne plaisent pas, allez les « offrir » ailleurs. En amour ou en amitié, les choses doivent se faire naturellement. Si vous devez lutter en permanence, la relation n'en vaut pas la peine.

À l'extérieur, dans votre métier, souvent vous ne pouvez pas faire autrement, vous êtes obligé de « faire avec ». Mais le principe reste le même : décrocher pour ne pas envenimer les situations, les relations. Louvoyer avec le vent en gardant en tête son objectif, sa terre promise.

La plupart des problèmes qu'on peut avoir les uns avec les autres se règlent d'eux-mêmes quand on n'en fait pas un drame. D'un jour à l'autre, les esprits se calment, les rapports évoluent, les choses se relativisent.

Troisième règle : ne pas faire de tout un problème personnel
Quand on s'accroche avec quelqu'un, on ne sait pas faire la part des choses. Une réflexion, une critique, un reproche qui nous semblent déplacés, injustifiés, et on part au quart de tour. On n'imagine pas un seul instant que la personne qui nous « agresse » a ses propres difficultés, ses états d'âme.

La plupart du temps, quand vous êtes « épinglé », au bureau ou à la maison, vous n'y êtes pour rien. Vous écopez simplement parce que vous avez la malchance d'être là au mauvais moment. C'est toujours désagréable de servir d'exutoire. Mais il est difficile de reprocher aux autres ce qu'on fait parfois aussi soi-même. Accordez-leur et accordez-vous le droit à la mauvaise humeur, aux dérapages. Ne vous sentez pas systématiquement concerné. Prenez du recul. Entraînez-vous à ignorer, à concentrer votre attention sur autre chose. En ne renvoyant pas la balle, en restant distant, vous désamorcez.

Quatrième règle : résister à la tentation de jouer les justiciers
C'est une tentation qu'on ressent tous à un moment ou un autre. Parce qu'on a raison (ou parce qu'on est dans son droit), on se croit obligé (permis) de pousser l'autre (qui a tort) dans ses derniers retranchements. On prend un malin plaisir à dénoncer ses faiblesses, ses fautes ou ses aveuglements. Au nom de la vérité, de la morale, on oublie le droit à l'erreur ou à la défaillance.

Se maîtriser, c'est aussi apprendre à se montrer plus tolérant. Non par indifférence, mais par intérêt, pour obtenir un plus grand pouvoir sur les autres et les amener à faire ce qu'on souhaite les voir faire. Charité bien ordonnée commençant par soi-même, on influence, voire on contrôle mieux les autres, quand on maîtrise ses propres réactions.

C'est ce que vous propose ce livre. La maîtrise de soi n'a de réel intérêt que si elle débouche sur l'action.

Maintenant, c'est comme vous voulez ! Vous pouvez continuer à vous faire avoir. Ou alors apprendre à déjouer les pièges des manipulations et prendre le dessus dans (presque) toutes les circonstances.

Partie I

Se maîtriser

PARTIE I

Chapitre 1

Avez-vous une bonne opinion de vous ?

Vous pensez être le meilleur, vous n'arrêtez pas de vous vanter ? Mauvais pour votre carrière ! Une étude réalisée par des chercheurs américains (université de Floride) montre en effet que les individus, qui sont trop imbus de leur personne, sont toujours très mal vus de leur entourage professionnel et de leurs supérieurs. Et cela est, évidemment, d'autant plus vrai que cette image d'eux-mêmes est loin de leurs performances réelles. Un excès d'estime de soi conduit souvent, aussi, à des comportements plus agressifs. Mauvais pour l'ambiance ! Mais le contraire est aussi très pénalisant. L'excès d'humilité nuit tout autant que trop d'assurance. Comme disait Goethe, « c'est un grand défaut que de se croire plus que l'on n'est et de s'estimer moins que l'on ne vaut ». Une bonne opinion de soi, ni trop ni pas assez, est essentielle pour s'affirmer et se démarquer, progresser dans la vie comme dans son travail. Quel est le degré de votre propre estime ? Cochez la bonne case pour vous dans la liste suivante.

	Jamais	Rarement	Parfois	Souvent	Toujours
Chaque fois que j'essaye de perdre du poids (ou d'arrêter de fumer), ça rate.	5	4	3	2	1
J'envie mes amis quand ils me parlent de leur travail, me racontent leurs vacances ou leurs conquêtes.	5	4	3	2	1
Je suis plutôt pessimiste quand je pense à ma vie de demain (et dans le futur).	5	4	3	2	1
J'ai l'impression de ne pas être pris au sérieux (surtout par mon boss).	5	4	3	2	1
Les changements (habitudes, travail, environnement, interlocuteurs...) ont tendance à me stresser.	5	4	3	2	1
J'ai du mal à me projeter dans quatre-cinq ans, à avoir une idée précise de ce que je veux être et faire.	5	4	3	2	1
J'ai tendance à renoncer rapidement en cas de difficulté ou d'opposition.	5	4	3	2	1

	Jamais	Rarement	Parfois	Souvent	Toujours
Quand on me confie de nouvelles responsabilités, je me demande si je serai à la hauteur, si je ne vais pas montrer mes limites.	5	4	3	2	1
Je me demande ce que les autres me trouvent d'intéres-sant.	5	4	3	2	1
Je préfère céder quand je ne suis pas d'accord avec quelqu'un plutôt que d'en venir à la dispute.	5	4	3	2	1
Je trouve que je n'ai pas beaucoup de chance dans la vie, le business.	5	4	3	2	1
J'ai l'impression que mon entourage est hostile, que quelqu'un veut ma peau.	5	4	3	2	1
Stressé, j'ai tendance à somatiser (migraines foudroyantes, mal au dos, au ventre, etc.) et c'est très pénible physiquement.	5	4	3	2	1

	Jamais	Rarement	Parfois	Souvent	Toujours
Je passe mon temps à m'excuser pour mes mauvaises performances et à dévaloriser les bonnes.	5	4	3	2	1
J'ai tendance à bredouiller quand on me pose des questions très directes et personnelles.	5	4	3	2	1
Après un échec (sentimental, professionnel...), j'ai tendance à ruminer (longuement).	5	4	3	2	1
Quand on me fait un compliment, je me demande ce que ça cache.	5	4	3	2	1
Je prends des tranquillisants, des somnifères, des antidépresseurs.	5	4	3	2	1
Quand les autres me critiquent (même gentiment), j'ai tendance à mal le prendre.	5	4	3	2	1
Je traite mal mon corps en mangeant n'importe quoi et n'importe comment.	5	4	3	2	1

	Jamais	Rarement	Parfois	Souvent	Toujours
Au bureau ou en week-end avec des amis, je fais toutes les corvées.	5	4	3	2	1
J'ai déjà « cafté », pas forcément pour nuire, plutôt pour me faire bien voir.	5	4	3	2	1
Je fais l'amour sans préservatif même quand je ne suis pas sûr de mon partenaire.	5	4	3	2	1
J'ai tendance à rejeter les responsabilités sur les autres.	5	4	3	2	1
Je ne fais que travailler ; je n'ai pas, ou peu, de vie à côté.	5	4	3	2	1
J'ai le vin triste (je m'apitoie sur moi-même, je me renferme...).	5	4	3	2	1
J'ai le trac quand je dois parler (au bureau, dans un meeting...) devant plus de deux personnes.	5	4	3	2	1
Je m'énerve pour des riens (je suis susceptible, je déteste les taquineries, les contrariétés).	5	4	3	2	1

	Jamais	Rarement	Parfois	Souvent	Toujours
On me reproche d'être trop sarcastique, de mauvaise humeur, ou d'avoir l'air méprisant.	5	4	3	2	1
Je préfère travailler tout seul (plutôt qu'en équipe), dans un bureau fermé (plutôt qu'en open space).	5	4	3	2	1

Comment analyser vos résultats ?

Comptez le nombre de points que vous avez obtenus et reportez-vous au profil correspondant.

De 30 à 60 points
Votre estime de vous-même : basse et instable
Est-ce le fait d'une enfance particulièrement difficile (abandon parental, expériences physiques et/ou psychologiques traumatisantes) ? Ou les séquelles d'une différence personnelle perçue depuis longtemps comme une infériorité (« défaut » esthétique, appartenance à une minorité socioculturelle, à un milieu défavorisé, etc.) ? Ou encore, un grave échec (professionnel, sentimental...). dont vous ne vous êtes toujours pas remis ? En tout cas, aujourd'hui, votre estime de vous-même est à la fois très basse (vous ne vous sentez pas vraiment digne de considération et de respect) et très fragile (vous êtes dépressif, phobique, ou vous risquez de le devenir) : vous êtes dans une spirale de l'échec.

Comment la réparer

Dans votre état, vous ne pouvez pas espérer vous « réparer » tout seul, vous avez besoin d'être aidé psychologiquement (par un thérapeute). Mais, avant d'envisager de consulter, commencez par remettre en question votre mode de pensée. Quand quelque chose de négatif vous arrive, une rupture, un échec professionnel, ne vous accablez pas. Tout ne peut pas être de votre faute. Vous avez probablement des circonstances atténuantes. Faites l'effort d'y songer. Si vous avez raté un examen ou manqué un contrat, par exemple, quelles circonstances extérieures peuvent avoir contribué à l'échec ? Étiez-vous particulièrement stressé la semaine précédente ? Manquiez-vous d'énergie, de sommeil ? Gardez sans cesse à l'esprit que vos ratages ne sont pas nécessairement des signes d'incapacité personnelle. Considérez-les chaque fois comme des occasions d'apprentissage et des étapes vers de prochains succès. Plus vous remettrez en question vos automatismes négatifs, plus vous réapprendrez à penser positif : vous n'êtes pas responsable de tout ce qui vous arrive de mal et une erreur n'en annonce pas nécessairement d'autres. Vous pouvez avoir conscience de vos limites afin de les corriger, mais misez d'abord sur vos points forts. Cela vous permettra de lutter efficacement contre vos tendances à l'autosabotage.

De 61 à 90 points

Votre estime de vous-même : basse et stable

Avez-vous été « démoli » par des parents dévalorisants qui vous serinaient : « Tu es ridicule (idiot, incapable, bon à rien…) », « Je ne peux pas te faire confiance (compter sur toi…) » ? Est-ce le fait d'être une femme ? Vous avez beau faire aussi bien que les hommes (souvent mieux), dans votre tête, vous êtes toujours le deuxième sexe. On vous a appris l'humilité, la modestie, la discrétion. Ou encore, avez-vous été traumatisé par un gros échec ? En tout cas, votre estime de vous-même aujourd'hui est assez basse. Vous pensez que vous ne valez pas grand-chose (humainement) et vous attribuez plus souvent vos succès à la chance ou à l'indulgence des autres qu'à vos propres mérites. Par crainte de ne pas être à la hauteur, vous laissez souvent passer les chances que vous offre la vie (vous ratez ou vous renoncez).

Comment la renforcer

Commencez par arrêter de vous dévaloriser. Quand vous rendez un travail, ne le présentez pas en disant : « J'ai fait ce que j'ai pu. » Ou, plus subtilement dégradant : « Un autre aurait sans doute fait mieux. » Les gens se demandent s'ils ne feraient pas mieux de vous éviter, car en vous dévalorisant, vous les dévalorisez (« Vous êtes vraiment nul d'avoir choisi un nul comme moi ») et vous renforcez l'image négative que vous avez de vous-même. En revanche, si vous vous respectez, les autres vous respectent. Ils vous écoutent plus attentivement, vous prennent au sérieux. Vous devenez plus crédible, plus « méritant ». On ne vous matraque pas chaque fois que vous faites une gaffe. Et quand vous avez un message important (augmentation, promo…) ou une idée à faire passer, on vous prête une oreille plus bienveillante. Résultat : vous obtenez beaucoup plus de gratifications tangibles et de satisfactions effectives, qui dopent l'ego et font remonter l'estime de soi.

De 91 à 120 points

Votre estime de vous-même : haute et stable

Au fond, vous avez une très bonne image de vous, ni trop haute (vous ne croyez pas que les choses vous sont dues), ni trop basse (vous n'êtes pas paralysé par le trac ou la peur de l'échec). Vous connaissez votre vraie valeur et vos limites. Du coup, vous n'en faites jamais trop ni pas assez. Vous savez jusqu'où vous pouvez aller, les risques que vous pouvez prendre, quand vous devez renoncer. Vous obtenez beaucoup parce que vous ne vous racontez pas d'histoire et que vous ne trichez pas avec les autres (vous n'avez pas besoin d'être « exceptionnel » ou parfait pour être apprécié et respecté).

Vous avez aussi une assez bonne stabilité émotionnelle : vous êtes peu sensible au qu'en-dira-t-on et vous prenez les critiques et les compliments des autres pour ce qu'ils sont (constructifs, hargneux, bienveillants, intéressés...).

Comment l'entretenir

Revivez vos succès. L'estime qu'on a pour soi varie forcément en fonction des circonstances. Vous avez un coup de fatigue, des problèmes dans votre couple ou dans votre travail, vous devenez vulnérable : vous vous aimez moins que d'habitude. Votre ego est trop souvent malmené pour une raison ou une autre (par exemple, vos talents et vos mérites ne sont pas appréciés à leur juste valeur) : vous vous mettez à douter. Vous vous inquiétez des erreurs que vous avez pu commettre. Les réflexions désagréables, les critiques et les reproches (qu'ils viennent des autres ou de vous-même) vous atteignent davantage et risquent de vous « marquer » plus durablement si vous ne faites rien pour compenser. Comment ? En vous repassant régulièrement le film de vos succès des dernières semaines ou des derniers mois. Pensez à tout ce que vous avez fait de bien, les choses importantes comme les petites. Revivez tous les moments où vous vous êtes senti performant, envié, apprécié. Et célébrez-les aussi (même si vous l'avez déjà fait). Invitez un bon copain ou une bonne copine pour un agréable petit repas, retrouvez vos vieux amis et ouvrez une bouteille de champagne. Revivre ses succès, se faire plaisir, faire plaisir autour de soi, c'est le meilleur moyen pour entretenir son estime de soi.

Plus de 120 points
Votre estime de vous-même : haute et instable
A priori, vous avez une vraie assurance, beaucoup d'aplomb, de conviction. Vous n'avez pas peur de regarder les gens dans les yeux, de dire tout haut, tout fort, ce que vous pensez, ce que vous voulez. On se dit : « Cette personne-là est sûre d'elle. » Vous obtenez beaucoup parce que vous avez conscience de votre valeur et éprouvez un réel désir de succès (vous consacrez beaucoup d'énergie à votre autopromotion). Vous ne craignez pas d'entrer en compétition. Ce n'est pas grave si vous ne réussissez pas, votre confiance en vous-même reste intacte tant que vous pouvez justifier votre échec. Mais, comme vous avez une image très idéale de vous-même, vous êtes aussi très vulnérable au jugement des autres : vous êtes très sensible aux critiques (vous cherchez toujours à vous défendre et à vous justifier même sur des sujets mineurs).

Comment la protéger
Acceptez vos défauts et faiblesses. Comme tout le monde vous n'êtes pas parfait, alors relativisez. Ne gaspillez pas votre énergie, ne vous épuisez pas moralement à force de rechercher la perfection ou de vouloir « réparer » vos défauts. Vous n'avez pas l'oreille musicale, renoncez aux cours de piano. Vous ne vous habituez pas aux ordinateurs, revenez au papier et crayon. Si vous n'êtes pas très ambitieux, ne vous forcez pas à le devenir. Quand on s'efforce de réparer un défaut, de développer une capacité pour laquelle on n'est pas doué, on peut bien sûr s'améliorer, mais on fait beaucoup d'efforts pour des résultats qui n'en valent pas la peine. En vous laissant obséder par ce qui ne va pas chez vous, vous mettez parfois à mal votre ego et vous perdez un temps précieux que vous pouvez utiliser plus efficacement en exploitant vos vrais talents. En revanche, en vous focalisant sur vos seules qualités, vous flattez votre ego et vous avez de

plus grandes satisfactions. Vous ne perdez plus votre temps à vous tracasser pour vos erreurs et vous ne réagissez pas avec émotivité chaque fois que quelqu'un vous fait une réflexion ou un reproche. Au fond de vous, vous savez que vous êtes capable de faire face et de rebondir en toutes circonstances.

Pourquoi on ne s'aime pas autant qu'on le devrait ?

Notre degré de *self estime* dépend de nombreux facteurs. Des facteurs objectifs, d'abord. C'est vrai qu'avec les grandes oreilles décollées d'un Prince Charles ou le look de Suzan Boyle, on a le complexe facile. Mais le pire, c'est papa-maman, comme d'habitude. Des parents vraiment aimants, ça vous donne une assurance pour la vie. En revanche, rien de plus mauvais pour l'ego que des parents désunis et/ou trop sévères. On n'ose plus ou on ose trop. On devient timide ou rebelle. Autres parents à problèmes (pour nous, les ex enfants) : les parents surprotecteurs. Un amour étouffant peut également anéantir toute estime de soi. Au lieu de grandir, de voler de ses propres ailes, on se réfugie dans l'enfance, on reste dépendant des autres, on abdique toute personnalité pour ne pas risquer d'être rejeté, seul. Des parents trop laxistes minent aussi l'estime de soi. L'enfant roi devient alors un adulte qui se croit tout permis. On a, dans ce cas, une fausse confiance en soi qui se lézarde dès que les autres disent non, au contraire d'une réelle assurance qui résiste à l'échec et se renforce avec l'expérience. Parce que la confiance en soi, ce n'est pas seulement psychologique, déterminé une fois pour toutes par le passé, cela se construit aussi concrètement tous les jours.

Les femmes moins sûres d'elles ?

On a longtemps pensé que le sentiment d'infériorité des femmes était culturel : le fameux réflexe « deuxième sexe », conditionné par quelques millénaires de domination patriarcale. On sait aujourd'hui que c'est un peu plus « épidermique ». Dans beaucoup de pays pauvres, la préférence pour les fils est la règle. Les familles pensent que la survie des hommes est plus importante que celle des femmes parce qu'ils pourront supporter les parents vieillis. Cette préférence pour les garçons se manifeste très tôt dans la vie. Les nouveau-nés de sexe féminin sont souvent nourris après les garçons, avec des aliments à faible valeur nutritionnelle et reçoivent moins de soins. Dans les zones rurales au Bangladesh, par exemple, la malnutrition est presque trois fois plus fréquente chez les filles et elles ont beaucoup moins de chance de recevoir des soins médicaux en cas de besoin. Mais dans les pays riches, cette préférence existe aussi. De nombreuses études ont en effet montré que les mères allaitent plus longtemps les fils, elles les tiennent plus serré contre leur corps, les nourrissent plus volontiers « à la demande », leur parlent moins, mais les caressent davantage. Cette plus grande intimité physique, pour beaucoup de psys, pourrait expliquer que l'estime de soi est souvent excessive chez les hommes et insuffisante chez les femmes.

Une vraie confiance en soi, c'est quoi ?

La confiance en soi repose sur l'évaluation continue de nos actions. Plus ou moins consciemment, chaque fois que nous agissons, nous nous jugeons : « ce que je fais est valable à mes yeux, je peux être fier de moi » ou « ce que je fais n'est pas valable, je baisse dans mon estime ». La confiance en soi n'est pas fixe : elle augmente chaque fois que nous sommes fiers de nos actes, diminue quand on ne l'est pas. Elle peut faire un peu de yoyo, ce n'est pas bien grave. Le problème, c'est quand elle est minée systématiquement. Une vraie confiance en soi doit, en fait, résister à trois tentations.

La tentation de l'idéalisme

Un haut degré d'exigence envers soi-même est légitime. Mais vouloir être le meilleur dans tous les domaines est excessif : on s'en veut beaucoup dès qu'on ne se sent pas à la hauteur. Et dans ce cas, on a tendance à s'en prendre aux autres, à les rendre responsables de nos mauvaises pensées ou de nos mauvaises actions.

Comment corriger le tir

En relativisant l'image (beaucoup trop idéale) de soi-même. Ne pas se sentir mis en accusation chaque fois que quelqu'un fait une remarque ou une critique. Ne pas chercher sans cesse à se défendre (souvent en devenant agressif) à se justifier (encore moins pour les petites choses sans importance).

La tentation du martyre

On s'accuse de tous les torts (même quand on n'y est pour rien). On pense qu'on ne fait jamais assez bien et quand on fait une bêtise (qui n'en fait pas ?), on a l'impression que le monde s'effondre, on a terriblement honte et on se noie sous les remords.

Comment corriger le tir

C'est normal de culpabiliser quand on a fait une erreur, ou lorsqu'on n'a pas fait ce qu'on aurait dû ou pu faire. Cela veut dire qu'on a des valeurs, une morale, des exigences. Mais personne, et surtout pas les gens qui nous aiment vraiment, ne nous demandent d'être parfait. Ils nous aiment aussi pour nos défauts, malgré nos faiblesses. Faire des faux-pas, ou commettre des erreurs, quoi de plus humain ? Alors arrêtez de vous juger trop durement.

La tentation de la peur

Même quand on agit bien (et qu'on n'a pas spécialement de mauvaises pensées), on s'attend toujours à ce que les choses tournent mal, on a peur d'être jugé défavorablement, on appréhende les « sanctions » qui pourraient bien tomber si on se trompe.

Comment corriger le tir

En se raisonnant. Bien sûr, agir, c'est toujours risqué. C'est vrai que dans la vie, les choses tournent parfois mal, mais pas tout le temps, ni toutes en même temps. Alors on fait les choses ou on ne les fait pas, mais on ne les regrette en aucun cas.

Pourquoi se sent-on moins aimé quand on ne s'aime pas ?

Une étude en psychologie sociale a montré que plus on a une faible estime de soi, et moins on perçoit bien l'amour de son partenaire. Dans cette recherche, les participants, 150 couples, rapportaient quotidiennement dans un journal leurs succès et échecs professionnels et le degré auquel ils se sentaient acceptés, supportés et aimés par leur partenaire. Les hommes et les femmes avec une bonne estime de soi se sentaient inconditionnellement aimés. Les femmes se sentaient même encore plus aimées les jours où elles rapportaient des échecs au travail. En revanche, ceux et celles qui avaient une faible estime de soi croyaient qu'on les aimait (à la hausse ou à la baisse) en fonction de leur réussite professionnelle. Ils se sentaient mieux aimés les jours où ils avaient du succès dans leur métier et moins les jours où ils connaissaient des échecs.

Source : *Personality and Social Psychology Bulletin.*

Comment doper votre propre estime ?

Avoir une bonne, une meilleure opinion de soi, ce n'est pas si difficile. Cela ne consiste pas à être zéro défaut, à ne jamais faire de faux pas, à ne connaître aucun échec : simplement à se voir comme aimable, digne d'intérêt, d'estime, de respect. Et surtout, le plus important est de se comporter toujours comme tel, même quand l'estime de soi tend à baisser. C'est d'abord une question d'état d'esprit, de bonnes attitudes à prendre pour flatter son ego et se faciliter la vie de tous les jours.

- N'attendez rien. Agissez, prenez des initiatives, mais ne vous souciez pas de résultats. Vous réussirez mieux.
- Ne forcez rien. L'important, c'est d'être constant et régulier dans vos efforts. En vous battant pour obtenir les choses (ou quelqu'un), vous êtes forcé de vous battre aussi pour les garder.
- Prenez votre temps. Tout ce qui a réellement de la valeur prend du temps pour être réalisé.
- Lâchez prise. Ne vous attachez à rien et ne rejetez rien. Vous faites mieux face aux hauts et bas de votre existence en étant plus détendu.
- Acceptez-vous tel que vous êtes. On se débarrasse plus facilement de ses défauts et de ses faiblesses quand on ne se condamne pas.
- Soyez indulgent avec vous. Vous n'êtes peut-être pas parfait, mais vous n'avez que vous.

- Soyez pragmatique. Évitez d'avoir des idées préconçues devant les autres et les événements. Oubliez vos préjugés (les positifs comme les négatifs) et voyez par vous-même.
- Prenez tous vos problèmes comme des opportunités. Tout ce qui vous paraît négatif peut vous servir à apprendre, à grandir et à vous renforcer.
- Évitez les prises de tête. Vous n'avez pas besoin de tout rationaliser, de tout calculer. Faites confiance à votre sensibilité et à votre intuition.
- Ne vous comparez pas tout le temps. Si vous vous jugez « moins bien », vous avez honte, vous devenez jaloux, envieux. Et si vous vous croyez « mieux », vous paraissez orgueilleux, méprisant.

Chapitre 2

Contrôlez-vous vos pulsions ?

Embrasser une belle inconnue dans un ascenseur, exploser devant sa belle-mère, un prof, un patron…, coucher avec le mari de sa meilleure amie, déchirer une contravention sous le nez d'une aubergine, découcher sans prévenir, plonger tout nu dans une fontaine publique, fumer dans un avion… Nous éprouvons tous des pulsions violentes. Certains y résistent, d'autres pas…

Beaucoup de nos choix, de nos décisions, de nos réactions sont inconscients, conditionnés par nos pulsions profondes. Après coup, on les rationalise, en se trouvant toutes sortes de bonnes raisons.

Mais les vrais choix doivent être conscients. D'où la nécessité de bien connaître le mécanisme de ses pulsions pour ne pas se laisser « égarer » par ses actes. Vous font-elles du bien (bonnes réactions, bons choix) ou du mal (mauvaises réactions, mauvais choix) ? Êtes-vous capable d'y résister (quand elles risquent de vous nuire ou de nuire aux autres) ou pas ? Cochez chaque fois que votre réponse est « oui ».

- ❑ Vous pratiquez un sport violent (rugby, boxe...). (A)
- ❑ Vous aimez bien les jeux qui font peur (montagnes russes, saut à l'élastique...). (P)
- ❑ On dit de vous que vous êtes très ambitieux (et vous êtes plutôt d'accord). (S)
- ❑ Vous êtes hypersensible à la douleur (vous ne supportez pas les piqûres, vous avez peur d'aller chez le dentiste...). (P)
- ❑ Passer un concours, dénicher un super job, séduire une fille inaccessible... les difficultés ont plutôt tendance à vous stimuler. (A)
- ❑ Vous vous créez facilement des habitudes et vous avez beaucoup de mal à en changer. (S)
- ❑ On vous a fréquemment reproché de vous montrer un peu trop gentil. (O)
- ❑ Vous repensez souvent (avec un peu ou beaucoup de nostalgie) à votre enfance. (S)
- ❑ Après un bon repas, vous éprouvez un certain plaisir à digérer. (O)
- ❑ Vous êtes très sensible aux compliments (vous n'êtes pas content quand on ne vous en fait pas). (P)
- ❑ Vous avez du mal à rester sans rien faire ; vous vous débrouillez pour être continuellement occupé. (A)
- ❑ Vous êtes très susceptible ; vous ne supportez pas les moqueries. (S)
- ❑ Vous « rebondissez » plutôt bien (et vite) après un échec (scolaire, professionnel). (A)
- ❑ Vous aimeriez bien faire de nouvelles rencontres. (P)
- ❑ Vous êtes plutôt d'humeur égale. (S)
- ❑ Vous êtes capable de faire preuve d'autorité quand c'est nécessaire (et même quand cela ne l'est pas vraiment). (A)

- ❑ Vous aimez avoir votre confort ; vivre à la dure (camping sauvage, squat...), vous n'appréciez pas vraiment cela. (O)
- ❑ Un rendez-vous, un travail à rendre : vous avez toujours le plus grand mal à être ponctuel. (O)
- ❑ Après une perte (rupture sentimentale, mort de votre chien...), vous vous consolez assez rapidement. (O)
- ❑ Vous avez beaucoup de sens pratique (pour planter un clou, improviser un dîner pour six alors que vous êtes fauché...). (S)
- ❑ Vous pouvez travailler (bien) en écoutant de la musique. (P)
- ❑ Vous avez beaucoup d'amis ; tout le monde vous aime (les hommes, les femmes, les enfants, la voisine, son chien). (P)
- ❑ Vous pouvez travailler douze heures d'affilée quand vous êtes motivé. (A)
- ❑ Vous avez d'excellents réflexes ; vous cassez peu (objets, os...). (P)
- ❑ Vous allez rarement jusqu'au bout de ce que vous avez commencé. (O)
- ❑ Vous avez souvent du mal à vous réveiller le matin ; vous avez besoin de temps pour être opérationnel. (O)
- ❑ Vous n'aimez pas manger seul. (P)
- ❑ Vous préférez les sports de compétition (pour pratiquer ou seulement regarder). (P)
- ❑ Vous vous sentez vite assez mal à l'aise dans une foule. (S)
- ❑ Vous prenez souvent des initiatives. (A)
- ❑ Vous avez du mal à vous endormir. (A)
- ❑ Quand vous avez quelque chose à faire de désagréable, vous attendez souvent la dernière minute. (O)

Comment décrypter vos réponses ?

Comptez votre nombre de A, de P, de S et de O, et reportez-vous au profil correspondant.

Majorité de A et de P
Votre type : impulsif
Moteur : le besoin d'action
Instance dominante : le « ça ». Chez vous, les pulsions instinctives commandent et prennent souvent le pas sur les interdits du surmoi (vous transgressez les règles) ou les intérêts du moi (vous prenez des risques qui peuvent être dommageables).
Background : parents négligents ou trop protecteurs. Bébé, vous n'avez pas reçu votre dose d'affection (ou de biberons) quotidienne, ou alors, au contraire, vous avez été trop « nourri ». Dans les deux cas, aujourd'hui, vos pulsions sont d'autant plus violentes et irrésistibles.
Dominante affective : la frustration. Même quand tout va à peu près bien (vous avez votre dose de gratifications, câlins, compliments, etc.), vous restez insatisfait. Cela crée en vous des tensions qui deviennent rapidement insupportables (vous les ressentez inconsciemment comme une menace dirigée contre votre propre existence) : vous avez besoin de passer à l'acte pour les décharger. En réalité, vous cherchez moins à vous faire plaisir qu'à arrêter de souffrir. Et comme un enfant qui est encore dans le principe du plaisir, vous êtes incapable d'ajourner vos réactions : vous agissez au lieu de penser.
Point fort : l'importance accordée à l'autre. Comme pour tous les pulsionnels, la plus grande partie de votre libido est tournée vers les autres (« Aimer, mais spécialement être aimé, est pour eux le plus important. Ils sont ainsi

particulièrement dépendants des autres qui peuvent les frustrer de cet amour », dixit Freud).
Handicap : les rapports conflictuels. D'un côté, vous avez tendance à réagir aux frustrations par la violence, mais d'un autre côté, vous avez tendance à réprimer toute agressivité à cause du risque de perte d'amour. Il en résulte des rapports de force permanents avec vos partenaires.
Vos risques : fugue et dérivés (bougeotte, déménagements fréquents, vitesse excessive...), boulimie, dépenses excessives (dilapider son argent de poche ou son salaire du mois, pour un ticket de Loterie, un cadeau ruineux pour son conjoint...), pyromanie, toxicomanie (alcool inclus), jeu de séduction (exciter un homme, rendre amoureuse une femme pour les laisser tomber ensuite, afin de se prouver qu'on est capable d'être aimé), conduites sexuelles à risque (rapports non protégés, nymphomanie, etc.).
Tendances pathologiques : névroses hystériques, dépression (la plupart des actes impulsifs ont pour but d'éviter la dépression).

Majorité de A et de S
Votre type : refoulé
Moteur : le besoin de domination
Instance dominante : le « surmoi ». Chez vous, les interdits inconscients dominent : les pulsions du ça ne peuvent pas s'exprimer consciemment. Mais, votre organisme ayant besoin de décharger les tensions excessives, celles-ci produisent des « dérivés », des sensations, des idées ou des actes de substitution, ou encore, des symptômes. Elles se manifestent aussi parfois par une rigidité du comportement ou une lassitude générale parce que votre moi se « raidit » ou s'épuise dans une lutte permanente pour bloquer ses pulsions et les refouler.

Background : parents punitifs. Vous avez été élevé à la dure (interdiction de parler à table, de sortir avant 18 ans, etc.), ou alors vous avez vécu sous la terreur, avec un père laxiste (brave type) et une mère dragon, ou un père despotique et une mère soumise. Bref, vous avez fortement intériorisé les modèles et les impératifs familiaux et/ou sociaux, les principes (trop stricts) de votre éducation, la crainte des punitions.
Dominante affective : la culpabilité. Dans votre inconscient, toute pulsion est en soi une transgression, pouvant vous faire courir un risque qui menacerait votre sécurité et votre moi. D'où un blocage des affects (vous éprouvez peu d'envies sexuelles ou autres), un sentiment d'auto-insécurité chronique (vous avez peur d'être envahi et débordé par vos pulsions) et une forte anxiété face aux changements (vous préférez vos habitudes), à l'inconnu (vous tournez plutôt en petit milieu fermé) ou à la nouveauté (vous avez besoin de stabilité dans votre environnement, votre habitat, votre cadre de travail), car cela accroît les risques de tentation et le danger de « craquer ».
Point fort : le sérieux. Comme vous privilégiez les valeurs du surmoi (le contrôle des pulsions, le sens moral), le plaisir est toujours associé à des sentiments de culpabilité. L'essentiel de vos pulsions est déplacé et investi dans des activités valorisantes et socialement utiles : le travail, l'amitié, la famille, etc. Bref, c'est constructif !
Handicap : la rigidité. Dominé par la culpabilité, vous êtes souvent prisonnier de vos propres contraintes : vous sacrifiez beaucoup au principe de réalité (vos plaisirs sont peu nombreux et toujours très contrôlés), vous avez tendance à bloquer en cas d'imprévu et à paniquer dans les situations d'urgence au lieu de vous adapter.
Vos risques : les toxicomanies sans drogue (au travail, à l'ordre moral, à l'amour obsessionnel...), les manies (de

l'ordre, de la ponctualité...), les boulimies déplacées (lire ou regarder la télé à haute dose), les marottes (idées fixes, collectionnite, mots croisés...), les phobies (au lit et ailleurs), le surinvestissement dans la religion (intégrisme, secte...), les rituels (grigris, superstitions et fétiches, vœux, lecture d'horoscopes, consultations de voyantes, d'acupuncteurs...), la multiplication des sécurités (visites médicales, polices d'assurance, verrous et judas...).
Tendances pathologiques : névroses obsessionnelles.

Majorité de O et de P
Votre type : compulsif
Moteur : la recherche du plaisir
Instance dominante : le « moi ». Chez vous, c'est la personnalité consciente qui commande et qui s'impose aux autres. Pas de pulsions fortes comme dans le type impulsif, peu d'impératifs du surmoi comme dans le type refoulé. D'où un manque d'inhibitions et une avidité quasi permanente.
Background : parents « absents », laxistes. Vous avez été complètement livré à vous-même ou élevé dans la facilité (le petit dernier à qui on passe tout), pourri, gâté. D'où le sentiment que les choses vous sont dues (quitte à devoir les prendre), une éventuelle fuite de vos responsabilités (vous n'avez toujours pas coupé le cordon) et une grosse intolérance à la frustration (vous supportez mal quand les choses ne se passent pas comme vous voulez ou quand vous devez attendre).
Dominante affective : l'angoisse. Un petit enfant qui prend conscience des menaces physiques et « psychologiques » de son environnement, alors qu'il se sait faible et impuissant à y faire face et qu'il dépend des autres pour sa protection, a peur. Normalement, nos parents nous ayant préparés au danger, le moi s'est auto-vacciné, auquel cas, chez l'adulte, l'angoisse se manifeste comme un simple signal d'alarme.

Quand ils ne l'ont pas fait, le moi, n'étant pas préparé, compense automatiquement par une suractivité (centrée sur les intérêts personnels) et une surconsommation (recherche de plaisirs immédiats) pour tenir l'angoisse à distance (sinon, vous seriez rapidement submergé).

Point fort : l'autonomie. L'essentiel des pulsions est investi dans le narcissisme : « L'intérêt principal est orienté vers la conservation de soi-même, il est autonome et peu intimidable », dit Freud, qui classe dans cette catégorie aussi bien les leaders, les artistes que les asociaux. Pratiquement, vous êtes capable de vous débrouiller tout seul, même dans des conditions difficiles. Peu attaché aux choses et aux gens, vous ne souffrez pas beaucoup quand ils vous manquent ou quand vous les perdez.

Handicap : l'égoïsme. Non seulement « je fais ce que je veux quand je veux » est votre refrain favori, mais en plus vous faites attention aux autres seulement quand vous avez besoin d'eux (pour vous rassurer dans votre séduction, matériellement, sexuellement...). Au fond, vous les percevez moins comme de vraies personnes que comme des dispensateurs interchangeables de gratifications.

Vos risques : le soin excessif de l'apparence (corps, vêtements, maquillage), les toxicomanies sans drogue (coiffeurs, instituts de beauté, mode, chirurgie plastique...), l'attention exagérée au corps (soins de la peau, cheveux, manucure, musculation à outrance), les compétitions (pour être le plus beau, fort, intelligent, sexy...), le vol (des marchandises dans les boutiques, ou des partenaires des autres : symboliquement la kleptomanie équivaut à voler un pénis), les régimes amaigrissants chroniques, la course aux castings, aux plateaux télé, l'exhibitionnisme.

Tendances pathologiques : psychoses.

Majorité de O et de S
Votre type : contrôlé
Moteur : la recherche d'harmonie
Instance dominante : aucune. Chez vous, les pulsions instinctives (le ça), les interdits inconscients (le surmoi), et la personnalité consciente (le moi) fonctionnent ensemble. Vous combinez les valeurs contradictoires du ça et du surmoi (plaisir/réalité), du moi et du ça (aimer / être aimé, autonomie/dépendance), du moi et du surmoi (capacité d'action / observation des exigences morales).
Background : parents aimants. Pas de doute, vous avez été élevé dans l'amour et la sécurité, nourri au bon grain de la confiance. Vous avez développé en grandissant de l'assurance et un solide optimisme (vis-à-vis des autres, des événements, de l'avenir...). Chez vous, principe de plaisir (ce dont vous avez envie) et de réalité (ce que vous devez faire) fonctionnent de pair, donc vous ignorez les pulsions violentes, refoulées ou compulsives.
Dominante affective : la sérénité. Peu sujet à des pulsions irrésistibles, ni obligé de vous battre contre vous-même pour résister aux tentations ni de peiner pour payer les pots cassés, peu coincé (vous faites à peu près tout ce dont vous avez envie sans complexe), vous n'éprouvez pas ou peu de frustration, de culpabilité ou d'angoisse.
Point fort : la confiance en soi. Vous n'avez pas peur (ni de vos propres pulsions, ni des autres, ni des événements ou de l'avenir). Vous savez quand vous pouvez céder à vos impulsions (vous ne faites pas de tort aux autres ni à vous plus tard) et quand vous devez, au contraire, résister à la tentation (vous évitez d'ailleurs de trop vous exposer).
Handicap : la naïveté. Plutôt bien dans votre peau, vous avez tendance à croire que tout le monde est comme vous (sympa, cool...) et vous ne voyez pas le mal. Du coup, vous vous retrouvez parfois confronté à des réactions

émotionnelles aiguës ou entraîné malgré vous dans des situations conflictuelles ou embrouillées.
Vos risques : limités. Bien sûr, vous avez comme tout le monde des coups de cœur (ou des manques), vous connaissez des crises de boulimie (nourriture, sexe, vêtements, sorties, télé…), mais en général elle ne dure pas : vous n'êtes accro à rien.
Tendances pathologiques : presque aucune. Juste de petites manifestations caractérielles (mauvaise humeur, coups de gueule…) dans vos relations avec les autres.

C'est quoi les pulsions ?

La psychanalyse freudienne a montré qu'il existait dans l'organisme des processus dynamiques spécifiques appelés pulsions. Ces pulsions sont d'une certaine manière les moteurs de nos instincts et de nos tendances. Ce sont des forces (énergies) qui nous poussent à accomplir certaines actions pour réduire ou supprimer ces états de tension. Les premières, et principales, pulsions mises en évidence par Freud sont les pulsions sexuelles et les pulsions d'autoconservation. Les pulsions sexuelles sont en jeu dans l'ensemble des activités sexuelles, mais bien au-delà dans tous les domaines de l'affectivité et du plaisir. Les pulsions d'autoconservation, parfois appelées pulsions du moi, recouvrent, en revanche, toutes les fonctions vitales de l'organisme nécessaires à la survie individuelle (par exemple, la faim). Le problème est que ces pulsions sont souvent antagoniques : elles poursuivent des buts opposés. C'est la différence faite par Freud entre principe de plaisir et principe de réalité. Plus tard, d'ailleurs, Freud opposera les pulsions de vie (sexuelles, d'autoconservation) aux pulsions de mort (d'agression, de destruction), dont le but est la suppression définitive des tensions, le retour à un état anorganique. Les conflits entre les différentes pulsions vont faire que des sensations et des émotions, mais aussi des sentiments ou des idées, ne pourront pas s'exprimer consciemment. Elles seront bloquées, refoulées plus ou moins profondément à un niveau inconscient. Mais, parce que notre organisme a besoin de décharger les tensions excessives, elles chercheront sans cesse à revenir à la conscience. Elles produiront des « dérivés », des sensations, émotions ou idées de substitution, ou encore des symptômes. Elles se manifesteront aussi parfois par une rigidité du comportement ou une lassitude générale parce que l'organisme (le moi) se « raidit » ou s'épuise dans une lutte permanente pour contrôler certaines pulsions, les bloquer et les refouler.

Tentations, jusqu'où aller ?

Est-ce un petit diable qui nous pousse parfois (souvent) à faire des choses dont on n'avait pas idée cinq minutes avant ? Ou une montée d'adrénaline, de testostérone (l'hormone mâle) ? Finalement, on ne sait pas trop. Pour les neurobiologistes, c'est un défaut dans les transmissions neurochimiques de notre cerveau, l'équivalent d'un bug informatique. Pour les psychologues, c'est une invasion du fantasme (pas nécessairement sexuel) dans le conscient. En tout cas, c'est toujours quelque chose d'irrésistible, qui nous dépasse. Faut-il y résister ou pas ? Tout dépend. En général, nos impulsions nous soulagent dans l'immédiat, la punition vient plus tard. Céder à l'impulsion, c'est privilégier l'instant sur les conséquences. Ce qui pose souvent des problèmes, notamment aux hommes, plus impulsifs, physiquement plus agressifs et plus violents que les femmes. Rien d'étonnant donc si les comportements impulsifs sont plutôt mal vus par la plupart des psychologues. Toutes nos tentations seraient-elles mauvaises ? Pas nécessairement. La règle est de résister quand elles nous nuisent, ne serait-ce que parce qu'on se sent coupable, ou quand elles nuisent aux autres. Il est important de se sentir en accord avec ses valeurs. Une bonne raison pour céder parfois à nos impulsions : l'impulsivité est une dimension de l'humain. De grandes choses ont été réalisées grâce à une prise de risque, ou d'une manière irréfléchie. Oui, mais comment savoir si nos impulsions sont sages ? C'est impossible ! Les impulsions libératrices existent – par exemple, quitter sa boîte sur un coup de tête et trouver trois semaines après un métier bien meilleur –, mais on ne le sait qu'après. Seule solution donc : naviguer à vue avec nos pulsions, les gérer au coup par coup. Et puis aussi, éviter les facteurs aggravants. Se méfier quand on est un grand impulsif : si vous cédez une fois, c'est rarement la dernière. Quand on se connaît, la règle est de ne pas s'exposer à la tentation.

Chapitre 3

Savez-vous gérer les frustrations ?

Le patron qui fait son ayatollah, le client qui fait son roi, les collègues qui jouent les stars ou les victimes, le comptable qui fait semblant de ne rien comprendre, l'informaticien qui fait semblant de tout comprendre, la photocopieuse qui bourre... Tous les jours, nous sommes confrontés à des dizaines de petites et grandes frustrations dues à la grossièreté, la bêtise, la mauvaise volonté ou l'agressivité de nos semblables. Ou plus simplement au manque de quelque chose (copine, partenaire sexuel, barre de Nuts, sac Prada...) qui nous fait envie ou dont nous avons besoin. *Frustration is life.* Nous ne sommes pas tous égaux devant les désagréments du quotidien : certains font des boutons, des déprimes, des ulcères ; d'autres se transforment en roquets ou en pitbulls. Mais, objectives ou non, nos frustrations sont souvent déterminantes dans les choix que nous faisons et dans nos relations avec les autres. Avec la crise, c'est pire ! Plus on prend mal les choses (il y a de quoi souvent !), plus elles s'accumulent (les frustrations sont comme les lapins, elles se multiplient à toute vitesse).

Résultat : plus de stress, un moral et des performances en chute libre, et des rapports avec les autres de plus en plus lourds, chargés, négatifs, conflictuels. En revanche, quand on ne fait pas de tout une affaire personnelle, en désamorçant, on mène une vie meilleure (et plus productive) malgré les contrariétés. Comment réagissez-vous aux frustrations ? Voici douze situations inspirées du fameux test de frustration de Rosenzweig, un psychologue américain, utilisé par 10 % des cabinets et des entreprises pour le recrutement des cadres (notamment de psychologues). Choisissez chaque fois la réponse que vous feriez.

1/ Mon boss me reproche une présentation client un peu bâclée. Je lui réponds :
   a. « Vous m'avez pris un peu de court, vous ne m'aviez pas donné toutes les informations. »
   b. « Oui, c'est vrai, je n'ai pas pu bosser à 100 % sur ce dossier, j'avais d'autres urgences, j'aurais dû vous prévenir. »
   c. « On n'a pas vraiment été aidés sur ce coup-là, les consultants ne nous ont pas fourni tous les éléments à temps. »

2/ Un collaborateur m'en veut parce qu'un projet sur lequel il a beaucoup bossé ces derniers mois n'a pas été retenu. Je lui réponds :
   a. « Reconnais quand même qu'il n'était pas top, top ton projet, ça manquait beaucoup de visibilité. »
   b. « Je n'ai peut-être pas assez suivi ton travail. Écoute, on revoit les choses ensemble et on le représente bientôt. »
   c. « On ne gagne pas à tous les coups, c'est la vie. »

3/ Dans la salle d'attente d'un médecin, je casse, sans le faire exprès, un bibelot. Son assistante s'exclame : « Zut, mon patron y tenait beaucoup ! » Je lui réponds :

c. « C'est de votre faute aussi, vous n'auriez pas pu le ranger ailleurs ! »
d. « Je suis vraiment trop maladroit. Je n'aurais pas dû jouer avec. »
e. « Ce sont des choses qui arrivent ; ne vous inquiétez pas, je suis sûr qu'il ne nous en voudra pas. »

4/ Un collègue arrive en courant et s'excuse de m'avoir fait rater mon train à cause d'une panne de voiture. Je lui réponds :

a. « Vous êtes toujours en retard, on ne peut pas compter sur vous. »
b. « J'ai eu tort de vous attendre, j'aurais dû prendre le train quand je ne vous ai pas vu arriver. »
c. « Ce n'est pas grave, on prendra le train suivant, tant pis si on est un peu en retard. »

5/ Un client mécontent me rapporte pour la deuxième fois un disque dur que je lui avais vendu. Je lui réponds :

a. « Encore vous ! C'est quoi votre problème cette fois-ci ? »
b. « C'est ma faute. J'aurais dû vous le changer : comme ça vous n'auriez pas eu de problème. »
c. « On a souvent eu des problèmes avec ce modèle-là. Je vous l'échange contre le modèle au-dessus, c'est du fiable et c'est gratuit. »

6/ Excédé par mon attitude, un ami me demande si j'ai un problème avec lui. Je lui réponds :

a. « Mais non, c'est toi qui es un peu trop parano, mon vieux. »

b. « Oui, c'est vrai, je manque parfois de patience. »
c. « N'y vois rien de personnel, on est très différents, c'est tout. Prenons plus de temps pour mieux nous comprendre. »

7/ Mon patron me soupçonne d'avoir un peu triché, ou de m'être complètement trompé sur les délais. Je lui réponds :
a. « Vous nous mettez tellement la pression, j'ai voulu vous rassurer. »
b. « Je suis désolé. J'aurais dû vous dire que c'était intenable, mais j'ai eu peur que vous le preniez mal. »
c. « C'était jouable, mais il y a eu plein de complications, vous n'y êtes pour rien ; moi, non plus. »

8/ Un collaborateur se plaint que ses notes de frais ne lui ont toujours pas été remboursées. Je lui réponds :
a. « C'est un peu n'importe quoi tes notes, on doit tout vérifier. »
b. « Ne m'en voulez pas, je n'ai pas eu le temps de les signer, je m'en occupe tout de suite. »
c. « Ils doivent être très débordés en ce moment à la compta, je les relance pour faire accélérer les choses. »

9/ Un client avec qui j'avais rendez-vous me fait annoncer cinq minutes avant, par son assistante, que finalement il ne peut me recevoir. Je réponds :
a. « Ça ne vous a pas effleurée de me prévenir plus tôt pour m'éviter de me déplacer pour rien ? »
b. « C'est de ma faute aussi ! J'aurais dû appeler avant pour confirmer. »
c. « Ce n'est pas grave, je comprends, ça m'aura fait prendre l'air. »

10/ En sortant d'un parking, j'accroche une autre voiture. Le conducteur me fait remarquer que je n'avais pas mis mon clignotant. Je lui réponds :

a. « Et alors ! Vous ne pouviez pas faire attention ! »
b. « Oui, je sais, j'avais la tête ailleurs. On fait un constat et je le signe. »
c. « C'est rien, juste un peu de tôle froissée. On peut s'arranger entre nous si vous voulez. »

11/ Mon assistante me reproche de lui avoir fait une promesse d'augmentation que je n'ai pas tenue. Je lui réponds :

a. « Je vous avais seulement dit "peut-être", une fois de plus vous avez pris vos désirs pour des réalités. »
b. « C'est ma faute, je me suis avancé un peu trop vite, là-haut ils ont dit niet. »
c. « Vous faites un boulot formidable, je vous ai défendue bec et ongles, mais bon, en ce moment, on serre les boulons… »

12/ À l'arrêt du bus, une voiture éclabousse le bas de mon pantalon. Elle s'arrête, le conducteur s'excuse. Je lui réponds :

a. « Vous vous croyez tout permis ! Rien à fiche de vos excuses. »
b. « J'aurais dû faire plus attention, je ne vous ai pas vu venir. »
c. « Ce n'est pas bien grave, c'est juste quelques gouttes, ça va vite sécher. »

Comment analyser vos résultats ?

Comptez votre nombre de *a, b* et *c,* et reportez-vous au profil correspondant.

Plus de 6 réponses *a*
Vous êtes un frustré « agressif »
En principe, on ne doit pas donner plus de six réponses du type : « C'est votre faute », « Vous auriez pu vraiment faire attention », « Tu es vraiment trop nul »... pour se situer dans les moyennes statistiques. Au-delà, vous avez ce qui s'appelle un profil extrapunitif.
Agressivité : toujours tournée vers les autres, systématiquement responsables de tous vos déboires (« L'enfer ; c'est les autres », disait Sartre), même quand ils n'y sont vraiment pour rien. Chaque fois que vous êtes en situation de petite ou de grande frustration, vous cherchez un coupable, vous avez besoin de vous en prendre à quelqu'un. Pas question d'être réaliste (dans la vie, il y a des ratés, des « pas de chance », des manques objectifs) ou de reconnaître vos propres responsabilités (en flirtant outrageusement avec une créature, vous avez fait tout ce qu'il faut pour que votre moitié vous quitte).
Background : souvent des parents « absents » (un enfant élevé chez et par les grands-parents) ou en adoration (un garçon ou une fille unique, un petit dernier « qu'on a eu quand on n'y croyait plus »). D'où un moi (personnalité consciente) très narcissique (vous avez le sentiment que les choses vous sont dues) et une incapacité à supporter toute forme de frustration : vous réagissez mal (vous boudez, faites des crises...) quand les choses ne se passent pas comme vous voulez, quand vous devez attendre (« je veux tout, tout de suite ») ou quand les autres ont plus ou mieux (ils inspirent souvent l'envie et la jalousie).

Tendances pathologiques : égocentrisme, mégalomanie, paranoïa, psychoses.
À faire : vous mettre un peu plus souvent à la place des autres (en arrêtant de parler tout le temps de vous, en apprenant à les écouter, en les encourageant à parler d'eux...) pour gommer votre côté « moi, je... », « moi, d'abord... ». Cela vous permettra de mieux relativiser et d'être moins réactif. Et efforcez-vous d'être toujours positif pour avancer. Demandez-vous : « Qu'est-ce qu'on peut faire pour améliorer la situation ? » au lieu de critiquer ou d'accuser.

Plus de 3 réponses *b*
Vous êtes un frustré « coupable »
En principe, on ne doit pas donner plus de trois réponses du type « c'est ma faute », dans ce genre de test. Plus de six, vous avez un profil dit « intrapunitif », qui consiste à s'en prendre systématiquement à soi, même quand on n'y est pour rien. Au lieu de rendre à César ce qui est à César et de renvoyer les autres à leurs responsabilités et à leurs problèmes, vous avez trop tendance à jouer les dociles et à vous autoflageller.
À faire : arrêtez de toujours vous accabler. Il est normal de culpabiliser quand on a commis un impair : cela montre qu'on a une conscience professionnelle. Mais ne prenez pas les manquements, les dérapages ou les ratés des autres à votre charge.

Plus de 3 réponses *c*
Vous êtes un frustré « fataliste »
Normalement, on ne doit pas donner plus de trois réponses de ce type (« Ce n'est la faute de personne », « Ce n'est pas bien grave », « On n'y peut rien »...) pour être dans les moyennes statistiques. Au-delà, vous avez ce qui s'appelle un profil impunitif.

Agressivité : trop souvent neutralisée. À vos yeux, quels que soient la situation, le problème, le préjudice, personne n'est jamais responsable, ni les autre ni vous. Vous dites « c'est la vie », « c'est comme ça », « la faute à pas de chance »... D'ailleurs, vous avez toujours tendance à minimiser les frustrations que vous subissez (et aussi celles que vous faites supporter aux autres). Tant pis si vous devez vous priver ou passer pour un brave garçon ou une brave fille un peu « poire » (les corvées, les plans foireux vous sont souvent réservés).
Background : souvent une mère absente, négligente et/ ou un père indifférent (il en résulte une frustration et une insatisfaction chroniques). Ou, à l'inverse, des parents trop protecteurs (ils provoquent la peur de ses propres désirs). D'où un terrible manque de confiance en vous et la peur d'être rejeté si vous entrez en conflit. Résultats : vous renoncez d'avance (vous êtes peu exigeant) et vous ne faites pas beaucoup d'efforts (vous acceptez sans peine la frustration, vous avez l'habitude) pour changer les choses même quand elles sont pénibles.
Tendances pathologiques : névroses hystériques, dépression, nymphomanie.
À faire : arrêter d'être passif, ou seulement réactif, devant les événements. C'est bien de faire preuve de stoïcisme : il y a des choses (tsunami, coup de foudre...) dans la vie contre lesquelles on ne peut rien. C'en est une autre de jouer les victimes. Vous avez des droits : faites-les respecter !

6 *a*, 3 *b*, 3 *c*
Vous êtes un frustré « heureux »
Bravo ! Vous êtes dans des normes idéales : équilibré. Chez vous, pas de diabolisation à outrance de l'autre (« Salaud ! Tout est de ta faute »). Vous ne vous sentez pas persécuté et vous n'accusez pas le monde entier quand les choses

tournent mal. En cas de coup dur, vous savez faire la part des responsabilités, prendre les vôtres et rendre à César ce qui est à César. Et rien de mollement fataliste, genre « on n'y peut rien, c'est comme ça depuis toujours, y a pas de raison que ça change ».

Agressivité : sublimée. Dans les petites ou grandes frustrations, vous réagissez (presque toujours) comme il faut : stoïque (quand vous n'y pouvez rien), positif (« Aide-toi, et le Ciel t'aidera »), patient (« Rome ne s'est pas bâtie en un jour »), volontaire (il n'y a que des solutions, pas des problèmes). Bref, un modèle de zen qui vous permet de passer avec bonne humeur à travers tous les petits tracas de la vie ou de rebondir très vite après une grosse claque.

Background : souvent des parents aimants (l'un envers l'autre, et envers vous). Vous avez grandi dans la sécurité et la sérénité, été nourri au bon grain de la confiance. Du coup, peu d'agressivité, de culpabilité ou de peur (des autres, des événements, de l'avenir...). Chez vous, le principe de plaisir (ce dont vous avez envie) et celui de réalité (ce que vous devez faire) fonctionnent ensemble.

Tendances pathologiques : quasi aucune, juste quelques réactions caractérielles pour ne pas paraître trop ennuyeux.

À faire : presque rien. Sauf peut-être qu'en assumant tout comme un grand, vous ne comprenez pas parfois que les autres ne réagissent pas aussi bien que vous en cas de frustration. Alors, ménagez-les.

Quel est le mécanisme des frustrations ?

Frustration : « condition d'un organisme qui rencontre un obstacle plus ou moins insurmontable, extérieur ou intérieur, à la satisfaction d'un besoin », d'après le *Vocabulaire de la psychologie* (PUF).

La frustration est dite externe quand elle est due au milieu, à l'absence d'un objet : vous avez envie d'une choucroute garnie, mais votre frigo est vide. Interne, quand elle dépend de l'individu (de son sens moral, de ses décisions ou de ses blocages inconscients) : votre frigo est plein, mais vous êtes au régime.

Laquelle est la plus difficile à supporter ? Dans l'absolu, les privations d'objet : quand on manque d'eau, de nourriture, de sommeil (les trois besoins fondamentaux), on en meurt. Mais pour Freud, le paradoxe des « sujets tombant malades au moment même où ils atteignent le succès » montre bien la prévalence des frustrations internes sur les externes.

D'ailleurs, la frustration ne peut pas se définir par l'objet ou l'obstacle, car une même situation sera vécue comme frustrante par certains, gratifiante par d'autres. Par exemple, si vous vous cassez un doigt, vous râlez parce que votre semaine de surf est fichue (vous êtes moralement sain et physiquement tonique). Dans la même situation, votre copain Zombie Man (un garçon mou) ne trouverait que des avantages : on va s'occuper de lui, le chouchouter, il pourra manquer les cours, le bureau… Les réactions à la frustration sont donc variables : elles dépendent de la nature de l'agent frustrant et de la personnalité de celui qui y est soumis.

Pourquoi se sent-on frustré ?

Dans les années 1950, A. H. Maslow, pionnier de la psychologie du management, énonça la théorie, depuis reprise par la plupart des psys, selon laquelle l'être humain éprouve cinq besoins fondamentaux :

1/ Les besoins physiologiques, tels que nourriture, habillement, logement.

2/ Le besoin de sécurité : être protégé de tout ce qui peut menacer (loubards du RER, vaches folles, crise, Oussama ben Laden…), une existence bien réglée.
3/ Les besoins sociaux : être partie prenante dans une société (famille, communauté) qui vous accepte.
4/ Le besoin d'estime : avoir une « situation », le respect des autres, une reconnaissance sociale.
5/ Les besoins d'autosatisfaction : se sentir comblé par l'utilisation de ses aptitudes naturelles et de compétences qui permettent le plein épanouissement de sa personnalité.

Dès que quelque chose coince, d'une manière passagère ou durable, à un niveau ou à un autre, on se sent frustré. Les conséquences peuvent être plus ou moins graves (de la simple contrariété jusqu'à la mort).

De quoi cela dépend-il ?

Pour les frustrations, comme pour beaucoup de choses, tout se passe avant l'âge de 6 ans. Nos sentiments de frustration actuels (et nos réactions) sont souvent le reflet et la reproduction de nos frustrations passées. Inévitable dans notre développement d'enfant, la frustration induit des attitudes caractérielles qui dépendent des facteurs suivants :

De la nature des pulsions instinctuelles qui ont été frustrées (et qui ont donc dû être refoulées).

Ce n'est pas pareil si vous n'avez pas eu votre compte de biberons quotidiens (frustration orale), si vous avez été mis trop tôt ou trop tard sur le pot ou si vous étiez interdit de masturbation (frustration urétrale). Quand la frustration est trop forte à un niveau donné, elle produit un arrêt du développement et elle devient une source de répétitions névrotiques. Par exemple, les personnalités orales, qui ont en général beaucoup de mal à s'occuper d'elles-mêmes, ont toujours besoin des autres. En même temps, elles ont une tendance à l'insatisfaction chronique. Même quand tout va bien, quand leur vie est pleine, quand leurs jours et leurs nuits sont débordantes d'amour, elles ne sont jamais totalement contentes, heureuses. Sans cesse dans la revendication, elles veulent toujours plus : plus de plaisirs, plus de câlins, de sorties, de dîners au restaurant, de vacances, de cadeaux... Il y a chez elles une avidité que rien ne peut combler, en tout cas pas durablement. Inversement, trop de satisfactions à un niveau donné rend incapable, par la suite, de supporter la moindre frustration. C'est le cas des enfants à qui les parents ne refusent rien : ils deviennent ensuite des adultes qui piquent une crise dès qu'on leur dit non.

De la période où a eu lieu la frustration.
Plus elle arrive tôt, plus elle est grave : les comportements d'amassement, par exemple, sont plus importants et plus intenses chez les rats privés de nourriture dans leur jeune âge que chez ceux qui ont toujours reçu une nourriture abondante. Plus les carences affectives sont précoces, plus elles affectent le développement individuel. Si deux chevreaux jumeaux sont allaités par leur mère, l'un étant séparé chaque jour pendant une heure, les deux étant privés de lumière, le chevreau non séparé s'adapte, le second meurt. De même, dans une nursery, les enfants privés de leur mère présentent une sensibilité accrue aux infections banales (37 % de mortalité contre zéro décès).

De l'intensité de la frustration.
Trop forte, elle peut bloquer complètement une pulsion, ce qui exclut à la fois sa satisfaction mais aussi la sublimation. Par exemple, un enfant qui a tendance à se gaver va faire une

fixation sur la nourriture si ses parents installent une serrure sur le frigo au lieu de détourner une partie de son intérêt et de son attention sur la lecture. L'éducation ne consiste pas à supprimer les frustrations mais à les doser.

Du fait qu'il y a eu, ou non, satisfaction substitutive au moment de la frustration.
Ce n'est pas la même chose si maman dit « pas de poupée » aujourd'hui » ou « pas d'accord pour Ken, mais OK pour Barbie ».

De la personnalité du parent frustrateur.
Son attitude, ses relations à l'égard de l'enfant donnent à la frustration son allure spécifique. Il y a plusieurs manières d'apprendre à un enfant à passer du principe de plaisir (stade « nourrisson tyrannique ») au principe de réalité (âge de raison) : des *soft* (le parent explique) et des *hard* (le parent impose). Mais, quelle que soit la méthode employée, une frustration provoque toujours une réaction ambivalente. On s'identifie au parent frustrateur ou à un de ses aspects : on lui ressemble, on pense et on fait comme lui, ou alors on fait systématiquement le contraire, on s'oppose (adolescence rebelle) jusqu'au jour où on devient son clone (embourgeoisement vers 35 ans).

De la mise en place d'une attitude de défense spécifique face à la frustration.
Une petite fille, par exemple, à qui sa mère interdit de s'empiffrer de Nutella, a le choix entre plusieurs attitudes : la réprimer (« je le fais plus », comportement sain), affirmer son envie (« je bouffe en cachette », comportement pervers), ou la refouler (« j'y pense même pas », comportement névrotique). Cette attitude d'adaptation initiale peut se répéter systématiquement à l'âge adulte, même quand elle

n'est plus appropriée. Elle devient alors un trait de caractère (les uns seront sains et faciles à vivre, d'autres pervers et menteurs, d'autres névrosés et « chiants »...).

Quelles sont les réactions possibles ?

Nos réactions aux frustrations, petites ou grandes, dépendent à la fois de la nature de l'agent frustrant et de notre personnalité. D'une façon générale, la réponse naturelle est l'agressivité parce que celle-ci nous permet de nous adapter au mieux (par le combat ou la fuite). Mais l'hostilité peut être dirigée contre l'obstacle (quelqu'un vous met en colère, vous le giflez), déplacée sur un substitut (vous éventrez votre nounours) ou retournée contre soi (vous faites une grosse crise d'urticaire). Sinon, l'agression est remplacée par une régression (repli sur soi, crise d'autisme, d'énurésie...) en soi inadaptée : on est paralysé (socialement), on reste pétrifié en cas de danger (physique ou moral).

Rosenzweig, un psy américain spécialiste de la frustration, distingue trois types de discours face à une frustration :

- Le premier se caractérise par la **prédominance de l'obstacle**, quand l'accent est plutôt mis sur la frustration elle-même. Dans ce cas, la situation est dramatisée (« C'est très ennuyeux », « C'est terrible »...), minimisée (« Ce n'est pas bien grave », « J'ai connu pire »...) ou revalorisée (« Profitons-en pour... », « Ça me donne l'occasion de... »).
- Le deuxième, par la **défense du moi**, quand la situation elle-même prend moins d'importance que ce qui l'a provoquée. Dans ce cas, on rejette la responsabilité sur l'autre (« C'est ta faute », « Je n'y suis pour rien »...), on s'attribue la responsabilité (« C'est ma faute », « Excusez-

moi »...) ou on dénie toute responsabilité (« C'est la faute à personne », « On n'y peut rien »...).

- Le troisième, par la **persistance du besoin**, quand la situation de frustration n'est pas acceptée. Dans ce cas, l'accent est mis sur les solutions propres à résoudre le problème posé : en comptant sur l'autre (« Tu vas être obligé de... », « Vous me devez de... »), sur soi (« Je vais arranger ça », « Je m'en occupe »...) ou sur le temps pour arranger les choses (« Demain, on n'y pensera plus », etc.)

Chapitre 4

Quelles sont vos faiblesses ?

Pourquoi les filles sont-elles plus performantes que les garçons à tous les âges de la vie ? Pourquoi, à diplôme égal, certains piétinent dans des petits jobs pendant que d'autres grimpent allègrement les marches du succès ? Ou pourquoi certains couples se disputent et se séparent, alors que d'autres se disputent et ne se séparent pas ? C'est parce que nous pensons et décidons d'abord avec nos émotions. Nous marchons à l'affectif, au feeling, même quand nous sommes persuadés du contraire. Quand on sait maîtriser ses émotions, non seulement on a une meilleure intelligence des êtres et des situations, mais on est aussi plus performant. Aujourd'hui, le QE, le facteur « stabilité émotionnelle », fait partie des fameux « Big Five » (avec l'extraversion, la conscience professionnelle, la convivialité et l'ouverture d'esprit), le modèle de personnalité de référence pour la plupart des experts des ressources humaines : il mesure l'équilibre émotionnel général et les risques de « dérapages » (colère, dépression, anxiété, angoisses...) en situation critique. Quelles sont vos faiblesses émotionnelles ?

Comment les corriger ? Cochez chaque fois que vous vous reconnaissez dans la liste d'affirmations suivantes.

- ❑ Vous avez tendance à rougir, prendre des plaques rouges ou bredouiller quand vous êtes ému ou énervé. (Δ)
- ❑ Vous pensez que vos succès doivent beaucoup à la chance. (❍)
- ❑ Vous avez souvent le cœur qui s'emballe (au propre et au figuré). (Δ)
- ❑ Vous avez souvent honte pour des choses pourtant sans importance. (Δ)
- ❑ Vous avez le trac quand vous devez parler devant plus de deux personnes. (❖)
- ❑ Vous êtes meilleur à l'écrit qu'à l'oral. (❖)
- ❑ Vous avez souvent des impressions de déjà-vu. (❍)
- ❑ Vous pensez que votre corps a un défaut (seins trop gros ou trop petits, muscles, pénis, etc.). (❖)
- ❑ Vous avez souvent peur de mal faire. (❖)
- ❑ Vous êtes mal à l'aise quand un chat rôde près de vous. (❖)
- ❑ Vous préférez travailler tout seul (plutôt qu'en équipe), dans un bureau fermé (plutôt qu'en open space). (❍)
- ❑ Il vous est arrivé (au moins trois fois) de rêver que vous étiez nu (ou à moitié nu) en public. (❋)
- ❑ Vous trouvez que vos amis sont nettement plus jolis, intelligents ou cultivés que vous. (❍)
- ❑ Vous êtes enfant unique ou l'aîné. (❋)
- ❑ Vous êtes facilement nauséeux en voiture. (❖)
- ❑ Vous avez déjà eu des crises de nerfs ou de tétanie. (Δ)
- ❑ Vous avez tendance à bredouiller quand on vous pose des questions personnelles très directes. (Δ)
- ❑ Vous piquez souvent des fous rires nerveux. (Δ)

- ❑ La veille d'une épreuve (examen, entretien d'embauche...), vous n'arrivez pas à dormir (ou vous vous réveillez à 5 heures du matin). (❖)
- ❑ Vous avez souvent des migraines. (❋)
- ❑ Vous éprouvez fréquemment le sentiment d'être seul ou incompris. (❋)
- ❑ Vous avez les mains souvent un peu moites ou très froides. (Δ)
- ❑ On vous a souvent dit : « Laisse les autres parler. » (❋)
- ❑ Vous n'arrivez pas à regarder quelqu'un dans les yeux plus de trois secondes d'affilée. (Δ)
- ❑ Vous êtes mal à l'aise quand vous sentez que quelqu'un vous observe. (Δ)
- ❑ On vous reproche souvent d'avoir l'air trop sarcastique (et/ou méprisant). (❋)
- ❑ Vous diriez non si on vous demandait de participer à un jeu télé (même si on vous offrait 5000 euros pour cela). (○)
- ❑ Quand vous devez prendre un train, vous arrivez toujours à la gare au moins une heure avant. (❖)
- ❑ Vous refusez chaque fois qu'on vous invite à une fête (d'ailleurs on ne vous invite pas ou plus). (○)
- ❑ Vous prenez plutôt mal les critiques. (❋)
- ❑ Vous avez déjà « cafté » (souvent), pas forcément pour nuire, plutôt pour vous faire bien voir. (❋)
- ❑ Dans votre petite enfance, vous avez eu des crises de somnambulisme. (○)
- ❑ Vous ne supportez pas les chatouilles (elles vous rendent complètement hystérique). (Δ)
- ❑ Vous n'êtes pas très à l'aise avec les personnes qui n'ont pas la même couleur de peau que vous (et les inconnus en général). (❖)
- ❑ Vous avez déjà eu l'impression d'être « sorti » de votre corps. (○)

- ❑ Vous avez du mal à pardonner (une erreur, une faute) ; vous êtes assez rancunier. (✻)
- ❑ Vous éprouvez peu, ou pas du tout, de désir sexuel. (❍)
- ❑ Vous admirez les actrices (ou vous les trouvez toutes nulles) ; de même pour les acteurs si vous êtes un garçon. (✻)
- ❑ Vous ne vous disputez jamais avec personne. (❍)
- ❑ Vous êtes physiquement très peureux ; vous redoutez souvent d'être agressé, de vous blesser, ou de vous intoxiquer en mangeant des produits qui ne seraient pas sains. (❖)

Comment analyser vos résultats ?

Comptez le nombre de carrés cochés et divisez par deux pour obtenir une valeur de QE comprise entre 0 et 20.

Moins de 11,5/20
Vous avez un QE « fort »
Chez vous, le rationnel et l'émotionnel sont plutôt bien équilibrés. Vous avez tous les ingrédients (conscience de soi, de son effet sur les autres, empathie, self-control, etc.) et le bon dosage pour être bien dans votre peau et avoir des relations fluides avec les autres. Vous êtes a priori capable de compréhension et de patience, mais aussi de maîtrise dans les moments ou avec des gens difficiles. Vous savez vous raisonner et rester calme (et optimiste) même quand vous êtes confronté à des épreuves pénibles. Mais, quand il s'agit d'émotions, même les plus flegmatiques craquent parfois (il suffit d'une fois). Qu'est-ce qui se passe quand vous perdez votre calme ? Quelle faiblesse montrez-vous ?

Comptez les différents symboles récoltés et reportez-vous au paragraphe correspondant.

11,5/20 et plus
Vous avez un QE « faible »
Pas de doute, chez vous l'émotionnel (impressions, sensations, impulsions, etc.) vient souvent perturber le rationnel (le jugement, la prise de décision, etc.). Et, inversement, vos sentiments sont souvent mis à mal par votre « logique ». Vous avez souvent une mauvaise appréciation des gens et des situations, et des réactions excessives (qu'elles soient positives ou négatives). Dans la vie quotidienne, cela ne vous pose pas trop de difficultés, mais dans les situations critiques (fortes pressions, conflits, etc.), vous avez tendance à déraper. De quelle manière y remédier ?

Comptez les différents symboles récoltés et reportez-vous au paragraphe correspondant.

Majorité de ❊
Votre faiblesse : l'arrogance
En apparence, beaucoup d'aplomb, d'audace. Vous n'avez pas peur de regarder les gens dans les yeux, de dire tout haut, tout fort, ce que vous pensez, ce que vous voulez, d'entrer en conflit. Vous osez où les autres n'osent pas (vous en faites même souvent un peu trop). On se dit : « Celui-là, il ne se prend pas pour rien, il est sûr de lui. » Mais au fond, vous êtes timide.

Votre problème : un surmoi (les interdits des parents intériorisés) dominateur. D'où de forts sentiments de culpabilité (« je ne peux pas montrer que j'ai peur de ne pas être à la hauteur ») et l'affirmation d'une fausse supériorité. Celle-ci se manifeste par des conduites méritantes (vous voulez toujours faire plus ou mieux que les autres) ou accusatrices (vous critiquez tout le temps, vous faites la morale). Ce qui donne des rapports avec les autres (dans le couple, la famille, le travail…) assez conflictuels : vous

vous excluez d'emblée (en boudant) ou vous vous disputez souvent.

Stratégie de renforcement
Acceptez vos défauts et faiblesses. Comme tout le monde vous n'êtes pas parfait, alors relativisez. Vous devez lutter contre votre tendance au narcissisme. C'est bien d'avoir une haute conscience de soi-même, cela vous encourage à vous attaquer à plus difficile et à acquérir de l'expérience. Vous pouvez même exagérer vos talents et vos capacités. Mais cela ne doit pas se faire au détriment des autres. Alors, préoccupez-vous un peu moins de vous (il ne s'agit pas non plus de tomber dans l'excès inverse) et davantage des autres. Quand vous remportez un succès, ne vous dites pas systématiquement que vous l'avez obtenu seul : demandez-vous plutôt comment les autres y ont contribué directement ou indirectement. Et en cas d'échec, ne reportez pas toute la faute sur votre entourage (personnel ou professionnel), acceptez votre part de responsabilité.

Majorité de Δ
Votre faiblesse : l'hypersensibilité
Chez vous, tout est amplifié. Devant les autres : vous êtes paralysé par le trac, vous avez peur de dire des choses stupides ou de faire une gaffe, de vous mettre à bredouiller devant une fille ou à rougir devant un garçon. Face aux événements : vous surestimez toujours les difficultés, les dangers, les risques. Du coup, vous paniquez dès que vous êtes obligé de vous mettre en avant (par exemple, pour présenter un exposé devant trente personnes), et vous passez votre temps à fuir (le plus gros de votre énergie y passe). Vous renoncez à des activités, à des projets, parce que vous craignez les contacts, la nouveauté, et vous ratez souvent des occasions

(une Juliette ou un Roméo qui vous plaît, une bonne affaire, un travail intéressant).

Votre problème : l'hyperémotivité. Plaques rouges, mains moites, suées, rires nerveux, tremblements, bredouillis..., votre corps réagit souvent d'une manière excessive (comme chez les hystériques). Pourquoi ? Cela peut être inné. Ou alors provoqué par divers facteurs : des modifications hormonales par exemple au moment de la puberté (auquel cas, cela passe plus tard), un choc affectif grave dans la petite enfance (séparation brutale de la mère, perte d'un être cher...), un traumatisme grave (par exemple un accident de voiture, une maladie infectieuse...) ou, encore, une intoxication (ou un sevrage) par une substance (alcool, café, tabac, cannabis, amphétamines, cocaïne...).

Stratégie de renforcement
D'abord, apprenez à bien respirer (l'inspiration et l'expiration doivent être profondes et un temps d'arrêt est à observer entre les deux). Pour beaucoup de psys, un hyperémotif est quelqu'un qui respire mal. Ayez plus d'activité physique aussi (passez votre permis si vous ne l'avez pas, inscrivez-vous dans une salle de gym), pour renforcer votre confiance en vous. Ensuite, réapprenez à parler. Un hyperémotif est aussi quelqu'un qui s'exprime trop par le corps et pas assez par les mots, l'échange, le dialogue. Le simple fait d'avouer, par exemple, une timidité, une gêne, un malaise réduit de beaucoup les tensions internes.

Majorité de ❖
Votre faiblesse : l'anxiété
Vous avez tendance à vous faire beaucoup de souci pour tout et rien. Vous vous attendez tout le temps (sans raison valable) à ce que tout (couple, travail...) tourne mal (ce que Freud appelle « la tendance à l'attente du malheur »).

D'où une grande frilosité devant les gens et les événements, accompagnée souvent de sentiments d'impuissance, de timidité. Vous avez peur d'être regardé, jugé (moche, nul), et de réagir de manière embarrassante (de rire bêtement, raconter n'importe quoi, être paralysé par le trac...), voire humiliante (de ne pas arriver à accomplir ce que même un gamin de 6 ans peut faire, etc.). Donc vous évitez soigneusement toutes les situations susceptibles de vous angoisser. Résultat : vous restez souvent dans une routine, des activités répétitives (vous avez peur des changements), un petit monde fermé (vous avez peur des inconnus), et vous êtes souvent accro au travail (les risques sont moindres).

Votre problème : un ça (les pulsions instinctuelles et sexuelles) trop fort. D'où le blocage des émotions pour « ne pas éprouver de sensations pénibles » (Freud) et le besoin de stabilité (environnement, habitat, décoration de la maison, cadre de travail...), d'habitudes (les mêmes choses de la même façon), de rituels de réassurance (manies, grigris, polices d'assurance, consultation de voyantes...), de relations routinières (fréquentations de longue date, petit cercle d'amis de confiance).

Stratégie de renforcement

Commencez par vous relaxer. Supprimez tous les anxiogènes : alcool, café, thé, tabac... Sur le moment, ils détendent, mais à terme ils aggravent l'anxiété. Détendez-vous tous les soirs dans un grand bain brûlant (la chaleur libère des endorphines, l'hormone du bien-être), allez au hammam une fois par semaine, mettez-vous au yoga ou à la natation pour réapprendre à respirer correctement. Ensuite, désensibilisez-vous. Faites une liste des situations qui déclenchent votre anxiété et affrontez-les systématiquement (en commençant par la plus facile dans votre liste) jusqu'à ce que vous vous sentiez parfaitement à l'aise.

Majorité de ○
Votre faiblesse : le désengagement
D'un côté, c'est commode : vous êtes assez insensible aux regards des autres (plutôt indifférent aux compliments comme aux critiques). Vous ne passez pas votre temps à vous mettre en valeur, vous êtes perçu comme une personne discrète, réservée, qui ne se mêle pas des affaires des autres. De l'autre, vous êtes plutôt isolé, solitaire, trop en retrait dans les relations affectives et sociales. Vous avez tendance à renoncer dès que les choses semblent compliquées (presque toujours). Ou alors à être soumis (aux gens, aux événements), et vous ne faites forcément pas ce qui est le mieux pour vous.

Votre problème : un moi faible (estime de soi trop basse), des sentiments d'infériorité, une comparaison dévalorisante avec les autres. D'où la difficulté des confrontations, la peur de vous lier (en amitié, en amour...), de participer à un groupe, l'envie de disparaître, de ne pas vous faire remarquer et, parfois, la résignation à l'échec, à la solitude. Cela va souvent avec des parents mal aimants. « Un enfant se sent inférieur s'il remarque qu'il n'est pas aimé », dixit Freud. Ou c'est parfois la conséquence d'un choc affectif grave (rupture dont on ne s'est pas remis, perte d'un être cher, etc.). Cela peut être la conséquence aussi d'un décalage social (enfant de parents pauvres propulsé dans un milieu de gosses de riches par exemple).

Stratégie de renforcement
Pour commencer, cessez de vous dévaloriser systématiquement et d'attirer l'attention des autres sur vos failles. Ensuite focalisez-vous sur vos succès (tout le monde en a, même des tout petits), au lieu de ne voir que vos ratés. Quand quelque chose de bien arrive dans votre vie, ne dites pas « j'ai eu de la chance ». Pensez plutôt à ce que vous avez fait pour l'obtenir. Comment vous avez contribué directement ou

indirectement à cet événement positif. Et, de là, imaginez vos succès futurs.

Qu'est-ce que l'intelligence émotionnelle ?

Depuis quelques années, l'intelligence n'est plus réduite à la raison, à ses seules fonctions logiques. Les « professionnels » de l'intelligence (psychologues, neurobiologistes, anthropologues, etc.) ne considèrent plus qu'un seul grand type d'intelligence serait valable pour tous. Mais ils distinguent, d'un côté, l'intelligence rationnelle qui relève des fonctions mentales (capacité de raisonner, de prévoir, de résoudre des problèmes, de penser abstraitement, d'appréhender des idées complexes, etc.), et de l'autre, l'intelligence émotionnelle qui relève de l'affectivité. Celle-ci consiste dans la maîtrise de soi (contrôler ses impulsions, se raisonner et rester calme en toutes circonstances, optimiste malgré les difficultés, les épreuves) et la capacité de « lire » les sentiments (ceux des autres comme les siens propres). Par définition complexe, car elle combine de nombreuses qualités différentes peu mesurables, comme la conscience de soi, l'empathie (la faculté de s'identifier à quelqu'un, de sentir ce qu'il ressent), l'intelligence émotionnelle ne peut pas se quantifier comme un QI. On l'évalue d'abord comme une tendance.

Comment doper son QE ?

Un bon QE relève de trois qualités essentielles : le self-control et la capacité à « lire » ses sentiments et ceux des autres. Pour améliorer votre stabilité émotionnelle, vous devez apprendre à développer ces trois qualités.

1/ Renforcez votre self-control

Souvent on s'imagine que le self-control consiste à réprimer ses émotions. On se trompe. Maîtriser ses émotions n'interdit pas, par exemple, de piquer une colère. Au contraire. Sauf qu'on ne le fait pas avec n'importe qui, pour n'importe quoi et n'importe comment, mais avec la bonne personne, au bon moment, pour de bonnes raisons et au bon degré. Le self-control est d'abord une question de dosage des émotions. S'il est souvent si difficile de bien mesurer ses réactions, c'est parce qu'on a deux cerveaux, l'un émotionnel et l'autre logique. Les informations qu'on reçoit de l'extérieur, les déclarations d'amour, les compliments comme les critiques, la petite robe ou le regard bleu du moniteur de ski qui donnent envie de faire des folies, transitent d'abord par notre cerveau émotionnel avant d'aller dans notre cerveau « raisonnable ». Et provoquent parfois des courts-circuits. Vous craquez pour une boîte de chocolats alors que, vous le savez, ils vont vous donner une migraine infernale. Vous giflez le compagnon de vos nuits parce qu'il vous a traitée de menteuse. Vous fondez en larmes parce que votre patron a eu une réflexion malheureuse. Pour éviter ce genre de court-circuit, gardez votre calme, votre optimisme en toutes circonstances, vous devez vous entraîner à faire ce qu'on appelle des « pauses cortico-thalamiques ». Cela consiste à différer vos réactions pour laisser le temps à votre cerveau raisonnable de « lire » vos sentiments et de dominer la situation. Pour cela, vous disposez de différents moyens que vous pouvez employer quotidiennement. Ce sont des méthodes bien connues des acteurs professionnels, des sportifs de haut niveau ou des démineurs.

- Ouvrez votre plexus (à la jonction des côtes, en bas de votre cage thoracique) en basculant les épaules en arrière et en poussant avec votre ventre. Respirez profondément et gardez l'air pendant deux secondes. Ensuite, soufflez complètement et attendez deux secondes avant d'inspirer à nouveau.

- Fermez les yeux deux-trois secondes de temps en temps. En « coupant l'image », vous allégez la pression extérieure sur votre cerveau émotionnel et vous laissez le temps aux informations de s'installer dans votre cerveau logique. Vous pouvez le faire dans la rue en marchant, au bureau en réunion (personne ne s'en rendra compte), mais évitez cet exercice au volant.
- Ouvrez la bouche une ou deux secondes de temps en temps. Cela fait jouer des muscles qui massent les nerfs crâniens et permettent de « décompresser » le cerveau.

Tous ces exercices, vous devez penser à les faire plusieurs fois par jour aussi souvent que possible. Au début, ils peuvent paraître un peu fastidieux. Mais très vite, vous vous sentez tellement mieux dans votre peau, plus clair dans vos sentiments, plus souple dans vos rapports avec les autres que votre cerveau ne peut plus s'en passer. Cela devient un réflexe automatique.

2/ Apprenez à exprimer vos sentiments

Un bon self control, c'est essentiel pour laisser le temps à votre cerveau raisonnable d'enregistrer ce que vous ressentez à un moment donné (un peu comme un ordinateur lit un programme avant d'afficher une réponse à l'écran), mais ça ne suffit pas.

Le problème avec les sentiments, c'est qu'on se trompe souvent. On imagine des sentiments que l'on n'a pas. Par exemple, on se dit « Machin, je le hais. ». Quand on y pense, on n'a rien à lui reprocher à Machin, sauf qu'il a le malheur de nous rappeler (sans qu'on s'en rende compte) le sale gamin qui nous persécutait en CM2.

Ou alors on nie des sentiments que l'on éprouve. On se dit : « Je n'en ai rien à fiche que Machine ne veuille pas travailler avec moi sur ce dossier. » Mais, Machine, on a quand même envie qu'elle nous aime un peu. Quand on travaille sept ou huit heures par jour dans le même bureau, ça crée des liens, qu'on le veuille ou non.

Pour être plus clair dans vos sentiments, vous pouvez vous allonger trois fois par semaine sur un divan de psy, mais il y a quand même plus simple (et moins cher) : exprimer vos sentiments. On comprend toujours mieux ses sentiments quand on en parle avec les autres au lieu de les garder pour soi.

Cela dit ce n'est pas si simple.

Environ 75% de ce qu'on dit passe inaperçu, est mal compris ou tout de suite oublié.

Jouer le sentiment dans ces conditions demande de suivre quelques règles de base. Sinon c'est inutile ou risqué (car considéré comme de la faiblesse) et c'est la porte ouverte à divers dérapages et malentendus.

Réaffirmez vos droits (qui sont aussi ceux des autres)

Revendiquer le droit au sentiment, c'est reconnaître un certain nombre de droits à soi et aux autres. Chacun a le droit :

- D'avoir des émotions et des sentiments contradictoires et de les exprimer pourvu que le moment et le lieu s'y prêtent.
- De ne pas apprécier ou approuver l'attitude ou le comportement de quelqu'un avec qui il vit ou travaille et d'exprimer ses propres opinions et valeurs pourvu qu'en le faisant il ne blesse ou ne rabaisse personne.
- De parler de ses problèmes quels que soient les priorités ou les attentes des autres. Quand vous demandez à quelqu'un de vous écouter (vous vous sentez vulnérable), précisez que vous n'attendez pas qu'il résolve vos problèmes à votre place.

- De penser, et de dire, oui ou non. Ne dites pas oui juste pour faire plaisir, si vous n'êtes pas d'accord ou si ça ne vous fait pas d'abord plaisir à vous.
- D'être faillible. Ne vous traînez pas dans la boue quand vous avez fait une erreur ou si vous avez une défaillance.
- De changer d'avis. Il n'y a que les imbéciles qui...

Imposez des limites

Les sentiments, ça se protège. Pour ça, il faut oser imposer des limites :

- N'acceptez pas tout des autres. Apprenez à dire « non », « je ne sais pas », « je n'ai pas compris », « je ne suis pas d'accord », « je n'ai pas envie »... Quand vous vous sentez mal à l'aise avec quelqu'un, quand quelque chose vous déplaît, dites-le lui. Ne restez jamais, ou alors pas longtemps, sur une impression désagréable.
- Gardez de l'espace et du temps pour vous. Même si on partage tout, il faut toujours avoir un territoire à soi. Le droit au sentiment, c'est aussi le droit d'être seul, au silence, à la tranquillité. N'envahissez pas les autres et ne les laissez pas vous envahir.

Apprenez à écouter les autres

Les sentiments, c'est fragile. Il y a des phrases qui les cassent, à éviter :

- « Débrouille toi tout seul... », « tu m'embêtes avec tes problèmes... »
- « Tu devrais aller voir un psy... »
- « Arrête de pleurer, ça me gêne... », « je ne supporte pas quand tu te mets en colère... »
- « Encore, tes problèmes ! », « tu as trop des problèmes... »
- « Fais un effort... », « si tu faisais plus d'efforts aussi... »
- « C'est de ta faute... », « bien fait pour toi... »
- « Je te l'avais bien dit... », « je t'avais prévenu... » »

Écouter vraiment, c'est écouter sans critiquer, ni juger ou condamner (surtout quand on n'est pas d'accord), s'intéresser aux sentiments, aux problèmes, de l'autre sans les prendre à son compte.

3/ Apprenez à « lire » les sentiments des autres

On piétine ou on court à l'échec dans son couple, sa famille ou son travail, d'abord parce qu'on ne sait pas communiquer avec les autres. De fait, 70 % de la communication est non verbale, passe par nos émotions, dépend de notre capacité à « lire » les sentiments des autres. Robert Rosenthal, un autre psychologue d'Harvard, a montré que notre QE est lié à notre capacité de « lire » les signaux émotionnels. Il passe un film sans paroles où une jeune femme exprime divers sentiments, la colère, l'amour, la jalousie, la gratitude, la séduction. Parfois on ne voit que son visage, parfois ses yeux sont cachés ; on doit identifier ses émotions d'après des signes subtils. Les adultes qui font les meilleurs scores à ce test sont aussi ceux qui ont le plus de succès dans leur métier et leurs relations. Les enfants, ceux qui sont les plus populaires à l'école, qui réussissent mieux dans leurs études, même avec un QI assez moyen. Pour développer cette capacité, vous pouvez prendre de bonnes résolutions, vous dire : « À partir de maintenant, je vais faire plus attention aux autres. » Cela ne sert à rien. On le sait par expérience. Au début, vous faites effectivement un peu plus attention, et puis vous retombez très vite dans votre comportement habituel. La bonne méthode, et la seule, consiste à regarder la télé, les infos ou des films, en coupant le son. L'exercice a l'air étrange, présenté ainsi , mais en fait si on ne prête pas suffisamment attention aux personnes qui nous entourent, c'est parce que nous croyons les voir. Et si, en réalité, nous ne les voyons pas, c'est parce qu'ils nous parlent. Leurs paroles font du bruit dans notre cerveau « raisonnable » et brouillent la réception dans notre cerveau émotionnel. En coupant le son de la télé, au début, vous êtes perdu, vous ne comprenez pas ce qui se passe, vous n'arrivez plus à suivre. Mais au bout de quelques heures, vous devenez hypersensible aux signaux subtils des corps, des mouvements, des visages et des regards. Et vous lisez mieux, sans même y penser, dans les émotions, les sentiments de votre entourage.

Chapitre 5

Êtes-vous psycho-dépendant ?

Certains ne peuvent pas se passer de leur drogue favorite (cigarettes, bière, pétards, Lexomil®...), s'accrochent à des substances. Pour d'autres, la drogue s'appelle Philippe, Rachel, papa-maman (plus souvent maman), les études, le travail, les amis, la mode (option fashion victim), la foi (versions intégristes), le sexe... Ils sont prêts à subir toutes les humiliations pour se la procurer et ils dépriment, tombent malades (physiquement) ou deviennent agressifs quand ils n'ont pas leur dose, sont en manque (d'amour, d'amitié, de travail, de consommation...). Quel est votre degré de réelle autonomie vis-à-vis des autres (dans la famille, le couple, le travail...) ? Cochez chaque fois que vous répondez « non » dans la liste suivante.

- ❑ Vous n'avez jamais été tout seul au restaurant ou au cinéma. (a)
- ❑ Vous ne « draguez » jamais, vous ne prenez pas d'initiatives quand quelqu'un vous plaît (vous attendez que l'autre vous aborde). (b)

- ❑ Vous appelez votre père (ou votre mère) chaque fois que vous avez un problème (pratique, financier, affectif…). (a)
- ❑ Quand vous avez des relations difficiles avec quelqu'un dans votre travail, vous faites de la lèche pour arranger les choses (ou vous boudez dans votre coin en attendant qu'on vienne vous chercher). (d)
- ❑ Vous êtes incapable de passer toute une journée sans voir ou téléphoner à personne (cela ne vous arrive jamais). (c)
- ❑ Vous n'avez pas eu de carte de crédit avant de gagner votre vie. (e)
- ❑ Vous avez déjà supplié quelqu'un pour qu'il reste avec vous. (d)
- ❑ Il vous est déjà arrivé de vous sentir soulagé après avoir été quitté. (d)
- ❑ Vous n'avez pas votre permis de conduire (à plus de 18 ans). (a)
- ❑ Quand un proche vous fait une scène, vous avez peur de ne plus le revoir. Au moindre conflit, vous avez l'impression que tout est fini. (d)
- ❑ Pour être efficace (dans les études, le travail), vous avez besoin qu'on vous dise très clairement ce que vous avez à faire. (d)
- ❑ Vous trouvez que les gens vous en demandent trop. (a)
- ❑ Vous êtes fonctionnaire, ou vous avez l'intention de le devenir. (e)
- ❑ Vous vous demandez souvent ce que les autres vous trouvent d'intéressant. (e)
- ❑ À la maison (ou avec vos amis), vous vous chargez souvent des corvées. (e)
- ❑ Quand quelqu'un vous dit « je t'appelle », vous n'osez plus rien faire de peur de rater son coup de fil. (c)

- ❑ Quand quelqu'un dit publiquement du mal d'une personne que vous appréciez, vous ne prenez pas sa défense. (d)
- ❑ Pour plaire à votre partenaire, vous êtes capable de sortir habillé n'importe comment (en pingouin, en « pouffe », etc.). (d)
- ❑ Vous n'aimez pas qu'on vous remercie. Les compliments, les cadeaux vous mettent mal à l'aise. (e)
- ❑ Quand on s'aime, vous pensez qu'on doit tout faire ensemble (sortir, manger, dormir...), sinon ce n'est pas vraiment de l'amour. (e)
- ❑ Au fond, vous avez choisi votre filière études (ou votre métier) pour faire plaisir à vos parents. (d)
- ❑ Vous ne comptez plus les livres, les CD, les vêtements que vous avez prêtés et que vous n'avez jamais revus. (e)
- ❑ Vous avez souvent des problèmes d'argent. (a)
- ❑ Vous avez une grande peur de la mort. (b)
- ❑ Vous préférez voir les films étrangers en VF. (a)
- ❑ Vous êtes plutôt pessimiste quand vous pensez à votre vie dans le futur. (b)
- ❑ Vous avez toujours besoin de quelqu'un (copine, ami...) pour vous conseiller quand vous achetez vos vêtements. (a)
- ❑ Vous ne vous sentez pas très sûr de vous face à des personnes de votre âge appartenant à l'autre sexe. (b)
- ❑ Vous racontez tout à votre mère ou à votre père (et à vos copines ou vos amis). (c)
- ❑ Vous avez souvent peur de passer pour un imbécile et vous redoutez que les autres vous exploitent, vous arnaquent (ou, au contraire, vous craignez de passer pour quelqu'un d'intéressé). (b)
- ❑ Votre mère ressemble plus à Martine Aubry (la main de fer) qu'à Ségolène Royal (le gant de velours). (c)

- ❑ Vous paniquez quand l'ex de votre partenaire tente un come-back. (b)
- ❑ Vous avez tendance à vous effondrer quand un petit chef (ou un prof) vous critique. (d)
- ❑ Votre humeur fait souvent du yo-yo en fonction des variations atmosphériques. (d)
- ❑ Vous guérissez lentement quand vous êtes malade. (a)
- ❑ Vous ne pouvez pas vous empêcher de ranger chez vous ou chez l'autre. (e)
- ❑ Perdu en pleine jungle, vous ne pourriez pas manger des larves et des insectes pour survivre. (a)
- ❑ Vous fumez un paquet (ou plus) de cigarettes par jour. (b)
- ❑ Vous vous rongez les ongles depuis toujours. (b)
- ❑ Vous passez plus de dix heures par semaine en moyenne devant la télé. (c)
- ❑ Vous avez déjà pensé au suicide après une rupture. (c)
- ❑ Enfant, vous n'aviez pas le droit d'aller dormir chez une copine ou un copain (ou alors si vous le faisiez, vous appeliez pour que vos parents viennent vous chercher). (c)
- ❑ Vous pensez être quelqu'un de très désintéressé. (e)
- ❑ Vous ne savez pas faire cuire les spaghettis (ils ne sont jamais *al dente*, mais souvent trop collants, trop mous, trop ou pas assez salés). (a)
- ❑ Vous croyez dur comme fer que votre moitié idéale existe quelque part : il suffit de la trouver. (c)
- ❑ Vous êtes fou d'angoisse avant chaque examen (épreuve sportive, concours, entretien professionnel...). (b)
- ❑ Vous avez tout le temps le nez dans vos livres (votre travail), et peu de vie en dehors. (b)
- ❑ Votre mère pleure (ou fait la tête) chaque fois que vous devez être séparés pendant quelques semaines. (c)
- ❑ Vous avez (ou vous avez eu) des crises d'asthme. (c)

- ❏ Dans votre travail, vous en faites plus que ce pour quoi vous êtes payé. (e)

Comment analyser vos réponses ?

Comptez le nombre de fois où vous avez répondu « non », multipliez par 2, divisez ce chiffre par 10 : vous obtenez un coefficient d'autonomie (compris entre 0 et 10).

Entre 5,6 et 10/10 : vous êtes non dépendant
En général et a priori vous ne l'êtes pas, mais quand il s'agit d'amour, par exemple, même les plus forts, les plus autonomes craquent parfois (il suffit d'une fois). Quel genre de dépendant pourriez-vous être ? Pour le savoir, comptez les lettres qui accompagnent vos réponses positives et reportez-vous au profil correspondant.

Moins de 5,6/10 : vous êtes psycho-dépendant
A priori et dans l'absolu, vous êtes structuré de telle sorte que vous pouvez devenir facilement dépendant de quelqu'un ou de quelque chose (pas de panique, cela se « soigne »). Mais cette aliénation peut s'exprimer de manières différentes. Comptez les différentes lettres que vous avez obtenues (dans vos réponses « oui ») et reportez-vous au paragraphe correspondant.

Si vous êtes non dépendant...
Besoin fondamental : être autonome
Vous n'avez pas besoin qu'on vous tienne tout le temps la main. En amour, vous ne vivez pas suspendu au regard ou au coup de fil de l'autre. Vous n'êtes pas en état comateux quand il n'est pas là. Et, quand il est là, vous gardez vos propres centres d'intérêt, vos copains, etc. Votre vie à deux n'est pas

une vie copier-coller. Pour préserver l'harmonie, vous êtes capable de faire des concessions, d'accepter des compromis, de rendre des comptes, mais pas question d'abdiquer toute personnalité. Vous avez des goûts, des idées et des envies bien à vous. Dans votre travail, vous avez besoin de prendre des initiatives et des responsabilités, et suffisamment confiance en vous pour assumer les critiques ou rebondir après une erreur. En cas de nécessité, vous pouvez vous « soumettre », mais vous ne vous résignez pas pour autant.

Problème fondamental : de fortes pulsions autoritaires, des tendances dominatrices. Fort de votre autonomie, vous ne réalisez pas que les autres le sont souvent beaucoup moins que vous et vous décidez souvent pour eux sans même vous en rendre compte. Ensuite, ils collent à vous (affectivement), se laissent prendre en charge (pour la nourriture, l'argent...), et cela finit toujours par vous peser.

Partenaires de prédilection : des personnalités fortes comme vous (même si la relation est nécessairement plus conflictuelle). Fuyez les grands immatures (hommes infantiles, femmes enfants) qui cherchent une mère, un père, un gourou, voire une vache à lait. Méfiez-vous des hommes et des femmes qui ne disent jamais non (à un film, un repas au restaurant, une soirée...), qui sont toujours d'accord quoi que vous disiez. Méfiez-vous aussi des personnes trop altruistes ou désintéressées : cela cache souvent une envie de se faire bien voir (pour mieux se faire prendre en charge).

Quand vous êtes psycho-dépendant...
Majorité de *a*
Dépendance à tendance stérile

Besoin fondamental : être pris en charge

Le besoin d'être assisté, surtout matériellement, vous conduit à l'inertie (vous avez du mal à faire des choses ou des projets seul), la passivité (vous prenez peu d'initiatives),

l'inefficacité, la maladresse (vous agissez mais obtenez peu de résultat, ou alors vous échouez).
Problème fondamental : la dépression (des pulsions agressives retournées contre soi). Devenant un poids mort (qui ralentit l'énergie vitale du couple, du groupe), vous pouvez représenter un danger pour les autres, soit par mauvaise volonté (vous ne faites pas votre part, ou à reculons, mal, en râlant tout le temps), soit par des sabotages inconscients (grosses bêtises, accidents, maladies...). À l'origine de cette tendance, souvent des parents très directifs (et punitifs), qui ne laissaient pas prendre la moindre décision et ont sapé la confiance en soi.
Partenaires de prédilection : des substituts de la mère directive (conjoint psychorigide, patron despotique, petits chefs tyranniques), ou mieux, votre mère elle-même.
Drogues de prédilection : allocations (de chômage, familiales, etc.), médicaments (de confort, placebos). Soins corporels (esthétiques, massages, acupuncture). Antidépresseurs, pétards, stupéfiants. Groupe de psy, gourou, sectes.
Stratégie de désintoxication : obligez-vous à faire des choses, des projets, seul (surtout si vous vivez à deux). Commencez par le plus facile : une séance de cinéma (enfin, vous allez voir les films que vous aimez), une sortie avec une copine (enfin, vous allez retrouver vos vrais amis). Ensuite, posez-vous les vraies questions : comment avez-vous envie de vivre, avec qui, en faisant quoi ?

Majorité de *b*
Dépendance à tendance anxieuse
Besoin fondamental : être rassuré
Vous avez besoin de stabilité (environnement, habitat, déco de la maison, cadre de travail...), d'habitudes (les mêmes choses de la même façon), de rituels de réassurance (manies, grigris, polices d'assurance, consultation de voyantes...),

de relations routinières (fréquentations de longue date, petit cercle d'amis de confiance). Vous vous attendez tout le temps (sans raison valable) à ce que tout (études, travail, relation amoureuse...) tourne mal (ce que Freud appelle « la tendance à l'attente du malheur »). D'où une grande frilosité devant les événements, accompagnée de sentiments d'impuissance, de timidité.

Problème fondamental : le refoulement des pulsions instinctuelles et sexuelles et le blocage des affects (souvent lié à des parents abandonniques ou répressifs). Dans tous les cas, la règle est : « Je ne veux pas éprouver de sensations pénibles » (Freud). D'où un état d'insécurité chronique (phobies, idées fixes, jalousie obsessionnelle, comportements compulsifs), la peur du changement, de l'inconnu, de la nouveauté (synonymes de risques, de dangers).

Partenaires de prédilection : les personnalités paternantes et stables (homme fort, femme de tête...), plus âgés, plus tranquilles ou donnant cette impression (physique corpulent, comportements prévisibles, situation professionnelle solide, etc.).

Drogues de prédilection : substituts oraux ritualisés (cigarettes, ongles rongés, grattage, grignotage compulsif, vitamines, tisanes) ; activités intensives (travail, ménage, sport...) ; bavardages (téléphonite, conversations intellos...).

Stratégie de désintoxication : faites la part du possible et du probable. Bien sûr, tout est possible (Rocco devient homo, Sharon lanceuse de poids olympiques), mais c'est peu probable (en tout cas, pas tout de suite). Et les risques ne sont pas cumulatifs : vous n'allez pas vous retrouver du jour au lendemain seul, pauvre, malade...

Majorité de *c*

Dépendance à tendance immature

Besoin fondamental : être approuvé

Ayant besoin de soutiens (et de réassurances) narcissiques (compliments, cadeaux, égards, privilèges, etc.), vous vous souciez du regard des autres (vous voulez être « bien vu », avoir bonne réputation, être approuvé), sous une apparence d'indépendance (vous êtes rebelle à l'autorité, quelqu'un de très capricieux, fâché avec les horaires, dépensier, etc.).
Problème fondamental : la peur de la dépression (associée à des sentiments d'infériorité et de culpabilité), compensée par une suractivité (centrée sur les intérêts personnels) et une surconsommation (une recherche de plaisirs immédiats). Cette tendance est souvent due à des parents hyper-protecteurs et/ou très exigeants (les frustrations et/ou les échecs sont alors mal supportés), une mère trop fusionnelle (les séparations sont mal vécues).
Partenaires de prédilection : les personnes également narcissiques, qui « en ont » (pouvoir, beauté, argent, notoriété...) en apparence plus que les autres, avec des rapports de rivalité et de surenchère (« on est les plus beaux, les plus intelligents..., mais moi plus que toi »). Ou bien des substituts à « la mère aimante et faible » (couple passionnel infernal). Et parfois, les deux en même temps (adultère).
Drogues de prédilection : les parents, les sorties (restos, boîtes), la nourriture (surtout sucrée), l'alcool (consommé sans modération), la drague compulsive (sans forcément passage à l'acte), les dépenses somptuaires (vêtements de luxe, voyages de rêve, nouveautés technologiques) ou « jouets pour grands » (gadgets rigolos, colorés..).
Stratégie de désintoxication : essayez de comprendre d'abord que vos « je fais ce que je veux, j'ai besoin de personne » (et l'agressivité qui va souvent avec) sont plus des réflexes défensifs et une forme d'infantilisme (papa et maman permettent souvent d'assurer les arrières) que des signes de réelle indépendance. Ensuite, mettez-vous à la place des autres : accepteriez-vous le quart de ce que vous

leur faites supporter ? Sûrement pas. Enfin, il faut apprendre à faire confiance (donner au lieu de prendre) ; même en cas d'échec (amoureux, professionnel), vous êtes toujours gagnant : vous devenez adulte.

Majorité de *d*
Dépendance à tendance complaisante
Besoin fondamental : être accepté
Vous avez le sentiment que votre survie (dans le couple, le groupe, la société, l'espèce) dépend de votre soumission aux autres. C'est pourquoi vous renoncez à toute forme d'opposition (vous dites souvent oui à tout, même contre votre intérêt ou votre envie) : l'acquiescement devient systématique (même quand vous pensez que les autres ont tort ou se trompent). La peur des conflits est particulièrement manifeste en amour, où vous pouvez vous montrer capable des plus lâches indulgences (adultère, violence...).
Problème fondamental : la peur de l'abandon (ou des mauvais traitements que peut subir un enfant non désiré). Cette forme de dépendance s'explique souvent par une mère cruelle, qui se vengeait de l'indifférence ou des infidélités de son mari (un père qui laissait faire). Et le même scénario (sans la vengeance) se répète : tout accepter pour obtenir illusoirement la protection et l'amour dont on a été privé.
Partenaires de prédilection : des substituts de « la mauvaise mère », par exemple la petite brute (faux dur), la garce, dont on ne peut se passer (par peur panique d'être abandonné), quitte à accepter ses mauvais traitements (manque d'égards, infidélités, violences). Ou l'envers du père, un homme apparemment solide, une femme soi-disant dévouée, mais en réalité des égoïstes, qui prétendent vous sauver de la mauvaise mère.
Drogues de prédilection : relations publiques, shopping compulsif, endettement, alcoolisme mondain, argent facile

(coups, trafics...), parasitisme, prostitution institutionnelle (mariage, échangisme) et/ou professionnelle. Et les drogues dures (cocaïne, héroïne...).

Stratégie de désintoxication : montrez-vous plus distant (faites au moins semblant), plus réservé (limitez les démonstrations), essayez d'être moins dans la demande affective (compensez avec les copines, amis, frères, sœurs, enfants, ou un chien...). Posez d'entrée de jeu des limites entre l'acceptable et l'inacceptable avec votre partenaire (et les autres, en général) et apprenez à dire non (quand vous n'avez pas envie, que vous n'êtes pas d'accord, etc.)

Majorité de *e*

Dépendance à tendance altruiste

Besoin fondamental : avoir du pouvoir sur les autres Autrement dit : dominer en se rendant indispensable. En apparence, vous êtes quelqu'un de dévoué (jusqu'à l'abnégation), désintéressé (jusqu'au sacrifice), toujours prêt à rendre service (sans qu'on lui demande rien), à exécuter les corvées (vous en faites toujours plus que vous n'êtes tenu de faire), à prendre en charge les autres, au nom des sentiments ou de l'efficacité.

Problème fondamental : de fortes pulsions agressives refoulées. Souvent, elles s'expliquent par des parents trop protecteurs, plutôt gentils, et par une éducation assez culpabilisante (aucune raison de s'en prendre à eux, ils ont été de « bons parents »). Cette agressivité est alors sublimée dans l'altruisme (discours affectif, convivial, humanitaire, activités pour le bien d'autrui...).

Partenaires de prédilection : de grands enfants impuissants (homme ne sachant pas se faire cuire un œuf, femme incapable de remplir une feuille d'impôts, amis toujours fauchés, copines déprimées chroniques), que vous soutenez matériellement et moralement, mais qui en réalité vous

servent à désamorcer votre violence. Et/ou les animaux domestiques.
Drogues de prédilection : les activités ménagères et nourricières intensives (parfaite maîtresse de maison, homme d'intérieur, cordons-bleus...), les activités associatives (animations, clubs, délégué de classe...), syndicales, religieuses, écologiques (défense du droit des animaux, des arbres...), les pétitions, les professions à caractère social, humanitaire. Dans un autre registre : nudisme, échangisme, spiritisme (pour dominer les morts).
Stratégie de désintoxication : arrêtez de vous prendre pour quelqu'un de désintéressé. Tout ce qu'on fait, on le fait d'abord pour soi (même quand cela fait du bien aux autres). Commencez par balayer devant votre porte et régler vos propres problèmes (« je veux quoi, avec qui et comment ? ») au lieu de vous servir des autres pour vous donner bonne conscience.

Pourquoi devient-on « accro » ?

Pourquoi devient-on accro (cela peut arriver à presque tout le monde), pourquoi peut-on tout sacrifier (dignité, intérêts et goûts personnels, vie...) pour un homme, une femme, un travail, une passion ? Au départ, c'est biologique. Toutes nos attitudes de dépendance viennent du fait que nous sommes des mammifères et que, bébés, nous avons besoin (plus que les petits des autres mammifères) des adultes pour subsister. Au fond de nous, il y a toujours le souvenir d'êtres tout-puissants qui nous fournissaient nourriture, bien-être et protection. Plus tard, quand nous nous retrouvons dans des situations (affectives, matérielles...) où nous sommes aussi impuissants que lorsque nous étions bébés (cela arrive forcément), nous cherchons automatiquement à retrouver la protection infaillible et le bien-être que nous avons connus dans notre enfance. Bref, on régresse. On recherche chez les autres une surprotection, une domination ; on recrée systématiquement des rapports de dépendance.

Pourquoi sommes-nous tous vulnérables ?

D'abord pour des raisons psychologiques : les deux grandes causes de la dépendance sont le manque de confiance en soi et la peur de perdre l'amour (cela est souvent dû à une mère « indifférente » ou, au contraire, trop fusionnelle). Mais il existe aussi des raisons sociologiques. La plupart des grandes institutions sociales (famille, école, entreprise, religion...) nous incitent à la soumission. Elles jouent sur notre désir biologique initial (être bien nourri, au chaud, en sécurité) et nous promettent le bien-être à une condition : adopter un profil bas. Au fond, malgré toutes les différences entre un Dieu tout-puissant, une mère, un prof, un patron, un mari ou une bande d'amis, le discours (plus ou moins implicite) est toujours le même : « Si tu fais ça (obéir, bien travailler, penser, parler, consommer, comme les autres...), tu seras protégé. » La formule varie beaucoup selon les cultures, le milieu social, mais elle est universelle. Et comme on a tous besoin d'amour, d'appartenance (à une famille, une communauté, un groupe...), il est souvent préférable (c'est plus facile et plus rassurant) de se soumettre que d'affirmer sa différence, son originalité. Car, dans le cas contraire, on risque d'être rejeté, de se retrouver seul (sans partenaire, amis, travail, argent...).

Comment s'en sortir ?

Plus ou moins inévitable (même les « forts », les plus autonomes tombent parfois dans le piège), plus ou moins grave (certains n'en sortent jamais), la dépendance n'est cependant pas une fatalité. Le manque insupportable de l'autre, l'impression que le monde va s'effondrer si on arrête de travailler, ou de consommer comme un fou, peut se soigner. On peut toujours aménager les choses pour les rendre plus faciles à vivre. Bien sûr, cela demande un effort (pour être plus autonome, plus confiant en soi, plus serein, etc.), mais au bout, cela s'appelle la liberté (de penser, d'aimer, de choisir…).

Comment vivre mieux une dépendance amoureuse ?

Dans un couple, la dépendance est souvent partagée, renforcée par l'histoire, les habitudes communes. Comment la vivre bien (éviter qu'elle devienne pathologique) ? Quelques principes à respecter.

1/ Être autonome financièrement

La dépendance psychologique s'appuie toujours sur une dépendance matérielle. Cela vient de la petite enfance. Initialement, nous avons tous été dépendants de nos parents d'abord, des adultes en général. Le petit enfant sait intuitivement qu'il a besoin de sa mère pour satisfaire ses besoins fondamentaux : nourriture, confort, sécurité. Les plus dépendants sont d'ailleurs toujours ceux qui ont été brutalement sevrés, qui ont subi dans leur enfance trop de frustrations à cause du manque de soin ou de l'absence de l'un ou des deux parents. L'inverse, trop de satisfactions, une enfance surprotégée, rend également dépendant. L'enfant n'est pas armé pour supporter les frustrations, les difficultés du monde réel. Dans les deux cas, le désir de dépendance est un désir régressif. Être dépendant, c'est vouloir revenir à l'état de satisfaction initial, avant la frustration. Du coup, à l'âge adulte, tout ce qui contribue à une dépendance matérielle, le fait par exemple de ne pas être indépendant économiquement, de ne pas avoir de permis de conduire, etc., entraîne nécessairement une dépendance psychologique. L'idéal consiste donc à avoir (et garder) son autonomie économique.

2/ Avoir son propre territoire

« Un petit chez-soi vaut mieux qu'un grand chez les autres », disait grand-mère. Ce dicton reste vrai surtout en cas de rencontre, petite ou grande. On ne rend pas les clefs de son studio tant qu'on ne sait pas si c'est pour quelques nuits ou la vie et, en règle générale, on réfléchit à deux fois avant d'aller s'installer chez l'autre. Elles n'ont l'air de rien, ces histoires de territoire, mais elles sont d'une importance capitale. On ne refait pas ses marques à la légère sur un coup de passion, même avec beaucoup de bonne volonté de part et d'autre. Il y a en chacun de nous quelque chose d'animal (de sédentaire) qui se refuse à des changements trop brutaux de territoire. Dans ce cas-là, l'un se sent toujours envahi (la puissance invitante), et l'autre déplacé, un peu en exil. L'idéal, quand on décide de vivre ensemble, est de chercher et de prendre ensemble un nouvel appartement pour construire sur des bases neuves. Même si c'est plus pratique d'aller vivre chez l'un ou chez l'autre, à terme on s'en mord souvent les doigts.

3/ Ne pas quitter tous ses amis

Dans la vie, nous avons tous, ou presque, des relations de soutiens : parents, amis d'enfance, etc. qui nous acceptent tels que nous sommes, nous comprennent et nous aident quand c'est nécessaire. Ces relations sont précieuses à notre équilibre émotionnel, affectif, mental. On ne les rompt pas sous prétexte que plus rien n'existe au monde quand on aime ou parce que l'un ou l'autre est trop exclusif, jaloux, ou plus bêtement un ours mal léché ou un agoraphobe. Pour garder son autonomie (et faire durer le couple), il faut éviter de s'isoler, garder quand on vit à deux des relations personnelles (même si on ne continue pas à voir tout le monde comme avant). Tout ne doit pas passer par le couple. Et tant pis si l'autre le prend mal. Ce sont des (petites) batailles à livrer dès le début, pour éviter les tempêtes futures (le fameux cap des deux ans, des sept ans...).

4/ Continuer à prendre des décisions en solo

Bien sûr, quand on vit à deux, certaines décisions se prennent ensemble : où habiter, partir en vacances, quand faire des enfants, comment les élever, etc. Mais ce n'est pas une raison pour abdiquer toute personnalité, demander à l'autre son avis chaque matin avant de s'habiller ou le laisser organiser sa vie. Il faut être soi : c'est bien d'ailleurs ce « soi » qui fait que l'autre vous a choisi (ou que vous l'avez choisi). Or, être soi consiste pour beaucoup en une multitude de décisions a priori peu importantes (les mini-options quotidiennes, les goûts, les couleurs, les partis pris sur les choses, les gens, les événements). Ne plus les prendre, ne pas pouvoir se passer de l'approbation de l'autre, c'est ne plus s'appartenir. Le piège, c'est qu'en voulant plaire à l'autre, nous sommes prêts souvent à devenir conformes à l'image qu'il se fait de nous. Mais dans un couple, on gagne toujours plus à rester soi-même, quitte à se disputer de temps en temps. Une vraie relation s'accommode de ces désaccords sans importance (divergence de sensibilités, d'esthétique, d'opinion). Alors il est inutile de changer de garde-robe ou d'idées sauf si elles tombent en loques.

5/ Garder ses propres centres d'intérêt

On n'arrête pas de faire du ski ou du saut en parachute sous prétexte que Paulo (ou Paulette) souffre d'otite au-dessus de 1200 mètres d'altitude. On n'interrompt pas un journal intime ou une passion pour la peinture parce que Charlot (ou Charlotte) trouve que cela fait « ado attardé » ou qu'il ne supporte pas les odeurs de térébenthine. Quand Paulo, Charlot (Paulette ou Virginie) vous auront plaquée pour une lanceuse de poids des pays de l'Est (ou un pianiste de jazz), que vous restera-t-il ? Vos yeux pour pleurer ! On ne sacrifie pas ses passions, surtout quand elles sont talentueuses, à l'homme ou à la femme de sa vie. D'ailleurs, quelqu'un qui vous aime ne vous demande jamais une chose pareille : il vous veut intact.

6/ Faire la part du feu

Aujourd'hui, une relation, à moins d'un miracle, c'est rarement pour la vie. Et une relation est d'autant plus durable (c'est statistique) qu'on ne vit pas dans la crainte qu'elle finisse. Quand on pense tous les jours à une rupture possible, elle finit souvent par s'imposer à l'autre, même s'il n'y avait jamais pensé auparavant. Dans un couple, on accepte souvent des choses inacceptables pour soi parce qu'on a peur d'une rupture. On ferme les yeux sur les faiblesses de l'autre, ses mensonges, voire ses infidélités, parce qu'on redoute de le perdre. On cède pour éviter les conflits, la rupture. Toutes ces complaisances, les petites et les grandes, alimentent la dépendance. Un vrai couple, une vraie relation supportent pourtant les disputes ; ils durent en surmontant les crises. Là encore, vous devez être vous-même, poser vos limites entre l'acceptable et l'inacceptable, les indiquer clairement à l'autre et rester ferme sur les principes.

7/ Organiser sa dépendance

Hypothèse : on est dépendant et on le sait (il vaut mieux) et on aime cela. Après tout, pourquoi ne pas se laisser prendre complètement en charge et couler des jours tranquilles sous une autorité bienveillante ? C'est possible à deux conditions. D'abord vous devez être sûr d'être vraiment dépendant et vous accepter comme tel. Pas question de vous réveiller un jour et de faire une crise d'autonomie. Ensuite, il faut beaucoup de discernement. Les hommes (ou les femmes) qui adorent vivre avec un psycho-dépendant ne manquent pas. Mais, là encore, il s'agit de ne pas se tromper, de faire le bon choix. Vous devez être sûr que votre divinité tutélaire continuera à jouer le jeu dans dix ou vingt ans, qu'elle aura toujours l'envie (et les moyens) de s'occuper de vous. Son profil : solide, responsable, sérieux, constant.

Chapitre 6

De quoi avez-vous peur ?

La peur, ou sous sa forme la plus quotidienne, et insidieuse, l'anxiété, est notre lot à tous, une composante indispensable de la nature humaine. Sans elle, pas de curiosité, d'intelligence des situations, de créativité et, même, d'empathie ou de socialité. En revanche, une peur excessive inhibe les capacités d'adaptation et d'action, peut paralyser (comme dans la timidité) la prise d'initiative et le changement. Quel est votre niveau d'anxiété, quelle forme prend-elle, comment la « positiver » ? Cochez chaque fois que vous vous reconnaissez dans les affirmations suivantes.

- Δ On vous a souvent reproché de voir le mal partout, d'être trop négatif.
- ❍ Vous trouvez votre conjoint un peu, voire très, immature.
- ❍ Vous avez du mal à jeter les choses (même quand elles n'ont aucune valeur ou importance sentimentale).

Δ Il vous est déjà arrivé (plus d'une fois) juste avant ou pendant les vacances d'avoir un « bobo » (cheville foulée, grippe, etc.) qui vous empêche d'en profiter.

○ Il vous arrive souvent (au moins une fois sur trois) de retourner dans une boutique pour échanger quelque chose que vous avez acheté (vêtement, objet, etc.).

○ Quand vous donnez quelque chose à faire à quelqu'un (au bureau, à la maison), vous avez tendance à repasser derrière lui (souvent pour refaire les choses à votre façon).

Δ Après un succès (amoureux, professionnel, etc.), vous éprouvez souvent un vague sentiment de culpabilité (ou vous vous sentez un peu déprimé).

❑ Vous vous réveillez souvent aux aurores (même quand vous vous êtes endormi très tard).

❑ Le week-end, vous avez du mal à rester sans rien faire ; vous avez sans cesse besoin de vous occuper.

Δ Vous trouvez que votre meilleur ami a tendance à rabâcher toujours les mêmes problèmes.

○ Quand vous avez le choix, vous allez toujours dans les mêmes boutiques et les mêmes restaurants.

○ Vous n'êtes pas très à l'aise quand vous connaissez peu ou pas du tout les gens.

Δ Dîners, week-ends, sorties, fêtes… Vous refusez la plupart des invitations (vous êtes trop fatigué, vous n'avez pas le temps, etc.).

❑ Vous réagissez souvent d'une manière excessive aux critiques ou à la désapprobation.

❑ Vous adorez regarder des films d'horreur.

Δ Quand cela ne va pas (mentalement, physiquement), vous avez besoin d'être seul.

○ Quand vous êtes chez vous, vous fermez toujours la porte à clefs le soir (même souvent dans la journée).

❍ Avant de sortir de chez vous, vous vérifiez toujours que vous n'avez rien oublié (et souvent plutôt deux fois qu'une).

Δ Vous avez souvent peur d'être déçu par les autres (vous préférez d'ailleurs imaginer le pire pour ne pas avoir de mauvaise surprise).

❑ Vous avez tendance à commencer mille choses et à n'en finir aucune.

❑ Vous n'êtes pas très ponctuel : vous arrivez souvent en retard à vos rendez-vous, vous avez du mal à tenir les délais, etc.

Δ Quand vous regardez ce que vous avez fait jusqu'à présent (carrière, enfants, famille,...), vous n'êtes pas très satisfait de vous-même.

❍ Vous avez tendance à tout prendre au sérieux (on vous a d'ailleurs souvent reproché de manquer d'humour ou de légèreté).

❍ Vous êtes quelqu'un de plutôt réservé dans vos relations avec les autres (vous êtes peu démonstratif même quand vous les connaissez ou les aimez bien).

Δ Vous trouvez que la vie ne vous a pas beaucoup gâté en général.

❑ Vous « perdez » souvent vos affaires (agenda, stylo, clefs, lunettes, dossier...).

❑ Vous êtes très gaffeur dans vos relations avec les autres.

Δ Vous ne vous confiez pas beaucoup aux autres (vous avez souvent peur que ce soit utilisé contre vous).

❍ Quand vous avez une décision à prendre (même une petite), vous pesez toujours longuement le pour et le contre.

❍ Vous vous inquiétez fréquemment à propos de choses sans importance (par exemple, trouver une place pour vous garer, etc.).

- Δ Les compliments vous mettent toujours un peu mal à l'aise (vous vous demandez souvent si c'est du lard ou du cochon).
- ❑ Vous considérez souvent les autres femmes ou les autres hommes comme des rivaux.
- ❑ Vous êtes particulièrement sensible aux compliments et aux marques d'affection (cela vous énerve quand les autres ne vous en font pas ou trop rarement).
- Δ Quand vous avez un rendez-vous, vous arrivez toujours très en avance.
- O Une mauvaise nouvelle (par exemple, l'annulation d'un rendez-vous important), un incident pénible (par exemple, une contravention) peuvent vous gâcher la journée.
- O Vous faites souvent (au mois deux fois par mois) des cauchemars (et/ou vous vous rongez les ongles).
- Δ Enfant, vous aviez terriblement peur du noir.
- ❑ Vous ferez tout (vitamines, soins, sport, chirurgie...) pour paraître « jeune » le plus longtemps possible.
- ❑ Vous pensez que vous avez un « caractère de cochon » (on vous l'a d'ailleurs souvent dit).
- Δ Vous aimez les documentaires à la télé (souvent même quel qu'en soit le sujet).
- O Quand vous avez un rendez-vous, vous arrivez toujours pile à l'heure.
- O Souvent quand on vous parle, vous ne répondez pas (vous êtes perdu dans vos pensées).
- Δ Vous détestez prêter votre voiture (vous l'évitez autant que possible).
- ❑ En cas de problème (affectif, psychologique...), vous avez tendance à somatiser (douleurs musculaires, maux de ventre, de tête, palpitations, suées, etc.).
- ❑ Vous avez fait des études plutôt brillantes, une « grande école » (X, Centrale, HEC, Sciences-Po, etc.).

- Δ Vous sursautez presque toujours en cas de bruit soudain (sonnerie du téléphone, coup de sonnette, porte qui claque...).
- ❑ Vous mangez très vite (vous finissez souvent avant les autres).
- ❑ Vous êtes impatient : vous détestez devoir attendre (chez un médecin), faire la queue (au cinéma, à la boulangerie), les réunions interminables (au travail, en famille, entre amis).

Comment décrypter vos réponses ?

Comptez le nombre de fois où vous avez répondu « oui » et multipliez par 2 : vous obtenez votre coefficient d'anxiété (sur 100). Comptez ensuite les différents symboles que vous avez récoltés. Et reportez-vous aux profils correspondants.

Votre coefficient d'anxiété

Moins de 32 %
Vous n'êtes pas vraiment anxieux
Est-ce une nature heureuse : chez vous, le fameux gène SLC6A4, qui serait plus court chez les personnes sujettes à l'angoisse et au pessimisme, aurait la bonne longueur ? Une enfance sans souci ? Ou un peu des deux ? En tout cas, aujourd'hui, vous avez un fort sentiment de sécurité qui résiste à toutes les petites agressions de la vie quotidienne. Comme toutes les personnes quiètes, vous vivez dans le présent (sans pour autant être une tête de linotte), sans vous inquiéter de l'avenir et d'éventuels problèmes : vous vous en occuperez au moment voulu.

De 32 à 48 %

Vous êtes un petit anxieux

Vous n'êtes pas d'une sérénité à toute épreuve : vous vous inquiétez souvent pour des bricoles (qu'est-ce qu'un tel va penser de vous, est-ce que vous allez ou non réussir la mayonnaise, etc.), vous êtes facilement préoccupé par votre avenir ou celui de vos proches. Mais, a priori, vous ne souffrez pas ou peu de votre anxiété : elle ne vous envahit jamais au point de vous empêcher d'aimer, de vivre et/ou de travailler. Vous arrivez à la gérer correctement au quotidien, en évitant au maximum les situations que vous savez anxiogènes pour vous et en compensant dans des activités agréables quand vous ne pouvez pas les esquiver.

De 50 à 74 %

Vous êtes un grand anxieux

Pas de doute, vous faites partie des 25 % des Français (15 millions au bas mot) qui souffrent un jour ou l'autre dans leur vie de troubles anxieux. Cela peut se manifester physiquement (tensions, douleurs musculaires, fébrilité, sensation d'étouffement, « boule dans la gorge », etc.) et/ou moralement (timidité, jalousie, pessimisme, irritabilité excessifs). Quoi qu'il en soit, vous devez vous « ajuster », mieux vivre avec votre anxiété. Deux priorités : avoir une meilleure hygiène de vie (les bons dormeurs et les sportifs sont moins anxieux) et apprendre à relativiser (par l'humour, le jeu, l'action, la relaxation, la prière, etc.).

Plus de 74 %

Vous êtes un hyper-anxieux

Chez vous, le gène (SLC6A4) responsable des pensées négatives est-il trop court comme chez les grands angoissés et pessimistes ? Ou avez-vous vécu votre enfance dans un climat d'insécurité (affectif, matériel, social, etc.) ? En tout cas, aujourd'hui, votre niveau d'anxiété est souvent « pathologique » : timidité handicapante, TAG (trouble anxieux généralisé), TOC (trouble obsessionnel compulsif), phobie, etc. Bref, vous ne pouvez pas vous en sortir tout seul ou avec le seul soutien de votre entourage : vous devez absolument vous faire aider par des spécialistes (psy, médecin).

La peur rend-elle intelligent ?

« Si l'on fait respirer à une femme les odeurs d'une transpiration provoquée par la peur, on améliore sa vivacité intellectuelle », soutient la psychologue américaine Denise Chen. Elle a posé sous les aisselles de jeunes femmes des tampons de gaze chargés de recueillir leur transpiration pendant qu'elles regardaient des films d'horreur ou, à l'inverse, de paisibles documentaires. Ensuite, elle a fixé les différents tampons sous le nez de 75 étudiantes âgées de 18 à 22 ans et les a soumis à des tests de QI. Résultat : celles à qui on avait mis les gazes « sueur froide » sous le nez affichaient les meilleures performances.

Source : *Chemical Senses.*

Votre profil anxieux

Majorité Δ
Vous êtes un « craintif »
Dominante : un désarroi moral, dû à la conviction intime que le danger est inéluctable et que vous êtes impuissant à l'empêcher ou à l'éviter. Chez vous, comme chez les autres anxieux, l'anxiété n'a pas de raison d'être, d'objet précis (à la différence de la peur qui est toujours peur de quelque chose

ou de quelqu'un, liée à un danger présent ou annoncé), mais le danger pressenti, attendu, est amplifié, dramatisé par votre imagination.

Votre force : créer. Comme la plupart des grands pessimistes, vous imaginez souvent le pire parce que vous espérez le mieux (le Beau, le Bien, le Vrai). À la différence des autres anxieux, vous ne perdez d'ailleurs jamais l'espoir d'un monde meilleur. De fait, vous êtes particulièrement exigeant avec vous-même : vous êtes souvent quelqu'un de très productif et de très critique envers soi (actes, pensées), vous cherchez toujours à progresser (en vous remettant en question, en faisant du neuf).

Vos risques : un peu misanthrope (votre vision des autres est plutôt négative), ayant terriblement peur d'être déçu (par les défaillances, le jugement des autres), vous pouvez vous réfugier dans votre imaginaire. Vous vous coupez des autres par choix (vous les évitez ou vous les fuyez pour conjurer le danger d'un conflit ou d'une rupture) ou malgré vous (vous devenez très susceptible, presque parano, et vous faites progressivement le vide autour de vous).

Majorité ❍

Vous êtes un « soucieux »

Dominante : une attitude d'attente (de l'événement menaçant) qui mobilise votre organisme, votre moi, et les maintient en état d'alerte. Comme vous investissez l'essentiel de vos ressources personnelles (énergie, pensées, etc.) dans cette attente, elles vous font plus ou moins défaut pour le reste (plaisirs, activités...).

Votre force : réfléchir. À la différence des autres anxieux, vous ne vous imaginez pas (en tout cas, beaucoup moins) vivre dans un monde tout noir ou tout blanc. Pour vous, la vie est pleine de pièges mais aussi d'attraits, les gens ont des défauts mais aussi des qualités. La difficulté est de discerner

les uns des autres. Votre méthode : analyser (vous êtes très doué pour peser le pour et le contre) et anticiper (en vous ménageant des « sécurités » multiples : assurances, réserves, « portes de sortie », nombreuses « cordes à votre arc »...) pour vous rassurer.
Vos risques : à force de vouloir tout « intellectualiser », vous vous coupez de la vie (du plaisir, du bonheur) et vous perdez toute spontanéité (vous faites toujours les mêmes choses avec les mêmes personnes, vous répétez toujours les mêmes idées, les mêmes discours). Et en voulant constamment tout prévoir et tout contrôler, vous faites trop pression sur votre entourage (conjoint, enfants, amis, collaborateurs, etc.). On vous trouve, certes, sérieux, mais un peu psychorigide.

Majorité ❏
Vous êtes un « inquiet »
Dominante : le sentiment d'un danger imminent et plus ou moins bien déterminé. Moins il l'est d'ailleurs, plus vous êtes anxieux. En revanche, quand les risques sont identifiés, vous réagissez mieux : vous pouvez contrôler vos peurs et les combattre.
Votre force : agir. Chez vous, l'anxiété est souvent refoulée (vous ne savez pas que vous êtes anxieux), somatisée (troubles du sommeil, neurovégétatifs, fatigue, irritabilité, etc.). D'ailleurs, en apparence vous avez souvent beaucoup d'assurance : vous avez une image plutôt positive de vous-même, vous êtes autosuffisant, indépendant, dynamique et très armé pour la compétition (amoureuse, sociale, professionnelle).
Vos risques : ceux de l'hyperactivité (*workalcolism*, stress), de l'insatisfaction chronique (vous ne vous sentez jamais assez aimé, estimé, vous avez sans cesse besoin de nouvelles gratifications matérielles), de la fuite en avant (changements répétés de partenaire amoureux, de domicile, de travail,

etc.), de la témérité (les risque-tout, les adeptes des sports extrêmes sont fondamentalement des anxieux). Et à terme, souvent, des épisodes dépressifs en cas d'échec, de déceptions ou de désillusion.

Comment avoir moins peur ?

Plus d'insécurité, de stress, d'incertitudes… Il y a toutes les raisons d'avoir peur. Souvent, le salut est d'ailleurs dans la fuite. Mais celle-ci n'est pas toujours possible. Et puis, comme disait Thucydide, « il est dans la nature de l'homme d'opprimer ceux qui cèdent et de respecter ceux qui résistent ». Un peu plus de courage fait parfois toute la différence. Alors, prenez exemple sur les troupes de choc féminines de Tsahal (l'armée israélienne), les Seals, le GIGN ou les sportifs de haut niveau, et forgez-vous un moral d'acier.

Programmez-vous gagnant

On a tous ce que les spécialistes appellent des « programmations d'échecs ». Constituées par les messages négatifs reçus pendant l'enfance, venant des parents, des profs et des autres enfants, celles-ci sont réactivées chaque fois qu'on est soumis à des critiques ou des jugements défavorables. Résultat, on pense souvent de façon négative, même quand on a de bonnes raisons d'être satisfait de soi. D'autant plus qu'on vit dans une civilisation de l'image où l'on se sent toujours un peu nul en regard des modèles proposés par la pub et les médias. De fait, tout incite à des formulations négatives. On se dit : « Je dois… / Je ne devrais pas… », « Je suis obligé de… / Il faudrait que… » Mais, pour gagner, il faut penser « positif ». Cela demande juste de voir chaque fois le bon côté des choses (il y en a toujours un). C'est un parti pris à adopter. Bien sûr, vous avez comme tout le monde vos contraintes, mais rien ne vous empêche de remplacer les formules précédentes par : « Je peux... / Je pourrais... », « Je veux... / J'ai décidé que... » Essayez, vous verrez, cela change tout. Voici, par exemple, une petite histoire qui circule depuis près d'un siècle dans toutes les grandes écoles de commerce américaines. Deux vendeurs de chaussures sont envoyés en prospection dans une île du Pacifique. Le premier maile : « Mauvaise nouvelle, les indigènes ne portent pas de chaussures. » Le second : « Bonne nouvelle, les indigènes ne portent pas de chaussures. »

Évacuez les faux problèmes

Les problèmes sont de la cellulite mentale. Ils engorgent souvent le moral parce qu'ils pèsent doublement. Une première fois, en tant que problèmes réels, objectifs : vous avez beaucoup de retard dans votre travail et votre patron fait pression, ou un gros découvert sur votre compte, et votre banquier vous harcèle. Une deuxième fois, en tant que soucis. Vous culpabilisez parce que vous ne pouvez pas rattraper votre retard, couvrir votre compte. Vos difficultés réelles vous suffisent amplement sans que vous torturiez en plus pour des problèmes imaginaires. La solution consiste à faire comme la femme de Samuel. Le bon Samuel est dans son lit à se tourner et retourner. Au bout d'un moment, sa femme rallume et lui demande : « Pourquoi tu ne dors pas ? » Il explique : « Je dois rendre 15 000 euros demain à Simon et je ne les ai pas, ça m'angoisse. » « Ce n'est pas grave, lui dit sa femme, Simon est un ami, il comprendra. Allez, on dort. » Trois heures du matin, Samuel continue à faire des nœuds avec les draps. Finalement, sa femme en a assez. Elle se lève, elle ouvre la fenêtre et elle appelle : « Simon, Simon, viens, j'ai quelque chose à te dire ! » Simon ouvre sa fenêtre, l'œil enfariné. Elle lui crie : « Tu sais, l'argent qu'il te doit Samuel, il peut pas te le rendre », et, crac, elle referme la fenêtre et se recouche en disant : « Dors. Maintenant, c'est Simon qui ne pourra pas dormir. » Très souvent, nos soucis, nos angoisses viennent du fait que nous laissons croire aux autres que nous pouvons, alors que nous ne pouvons pas. En annonçant clairement la couleur, vous allégez la pression. Vous ne réglez peut-être pas votre problème réel (vous avez toujours du retard, un découvert), mais au moins vous évacuez le faux problème et vous retrouvez la tranquillité d'esprit dont vous avez besoin (ne serait-ce que pour rattraper votre retard et couvrir votre compte).

Cliquez sur « optimiste »

En temps normal, dans notre cerveau, le courant fait des va-et-vient entre l'hémisphère gauche (logique, raisonnable, « pessimiste » par nature) et le droit (intuitif, créatif, « optimiste »). Normalement, on passe en permanence de l'un à l'autre et tout va bien. Mais, dès que vous avez un problème, il « bloque » dans votre cerveau gauche : résultat, vous ruminez et vous devenez défaitiste. Pour retrouver votre dynamique de succès, vous devez vous reconnecter au cerveau droit. La solution : vous mettre en état d'autohypnose pour vous « laver » la tête. C'est le vieux truc qui consiste à compter des moutons quand on n'arrive pas à s'endormir. On remplace les mots qui tournent dans sa tête par des images. C'est facile. Vous fixez votre attention sur un objet ou une surface de couleur claire et vous comptez très lentement jusqu'à vingt. À vingt, vous fermez les yeux et vous visualisez pendant dix minutes l'objet ou la surface que vous regardiez en vous disant que vous ne pouvez absolument pas ouvrir les yeux. Au bout de dix minutes, vous ouvrez les yeux et vous avez retrouvé tout votre optimisme. Pour que l'exercice réussisse, vous devez y croire et donc, au début, faire un effort, car le scepticisme est un sentiment commandé par l'hémisphère gauche. Mais ensuite, vous vous reconnecterez facilement à votre cerveau droit, chaque fois que vous en sentirez le besoin, simplement en fermant les yeux.

Purgez vos neurones

Le mental a aussi une capacité d'auto-intoxication. Trop de soucis, de surmenage, de stress : notre cerveau se met automatiquement en position de sous- ou de suractivité. La machine s'enraye (vous déprimez, tournez en rond) ou s'emballe (vous angoissez, vous paniquez). Pour vous purger, clarifier votre espace mental et votre moral, vous devez apprendre à « arrêter le monde ». Il existe plusieurs techniques qui le permettent. Par exemple, faites souvent des pauses, en fermant les yeux dans la journée pendant quelques secondes ou quelques minutes, pour bloquer le flux d'information, vous vider la tête. Bien sûr, au début, les pensées continuent de « tourner ». Dédoublez-vous. Sortez, pour ainsi dire, votre cerveau de votre crâne et regardez-le peiner ou au contraire bouillonner. S'il doit se traîner ou tourbillonner, il est préférable qu'il le fasse à l'extérieur de vous-même. En devenant spectateur de vos pensées ou de vos images, vous relaxez votre mental. Si un problème vous hante, imaginez que vous le mettez dans une boîte. Ensuite, vous pouvez ranger la boîte dans un lieu sûr (en attendant de pouvoir régler votre problème), creuser un trou pour l'enterrer définitivement ou la jeter à la mer. Avec un peu de pratique, vous arriverez très vite à prendre du recul par rapport à vos soucis ou vos ennuis, à arrêter le monde chaque fois que vous vous sentez submergé ou excédé.

Neutralisez vos sources de stress

Nous avons tous des points faibles. Vous paniquez à l'idée de prendre la parole en public, de négocier une affaire d'argent, d'affronter votre patron… ? Essayez l'entraînement « assertif » (du latin *assertio,* « affirmation ») : une technique simple utilisée dans les thérapies comportementales et très efficace pour nous débarrasser de toutes nos inhibitions, blocages, phobies, etc. Commencez par faire une liste (la plus complète possible) de toutes les situations qui vous semblent difficiles à imaginer, qui vous font peur. Par exemple : vous habiller très sexy, prendre la parole dans une réunion, danser lors d'une fête, dire non à votre patron… Classez du moins « pénible » au plus « pénible ». Ensuite, attaquez-vous à la moins pénible : provoquez la situation et affrontez-la jusqu'à ce que vous soyez capable de la vivre d'une manière détendue. Prenez le temps qu'il faut (parfois plusieurs semaines) pour vous sentir parfaitement à l'aise. Ensuite, passez à la situation suivante.

Visualisez le succès

Réussir, surtout quand il y a de la concurrence, ne s'improvise pas. Avant de passer à l'acte, prenez l'habitude de faire des répétitions mentales. Fermez les yeux et représentez-vous point par point, étape par étape, tout ce que vous devez faire pour atteindre votre objectif. Établissez un scénario idéal (celui qui vous mène droit à votre objectif) en détaillant (mentalement, ou tout aussi bien, sur une feuille de papier) ce que vous allez faire, dire, etc. Mais prévoyez aussi des scénarios de rechange (en fonction des réactions prévisibles des autres, des difficultés possibles, des obstacles éventuels). Vous multipliez vos chances, ne serait-ce qu'en limitant les mauvaises surprises (des autres) ou les oublis (de votre part) dans le feu de l'action.

Donnez-vous des carottes

Que nous le voulions ou non, nous obéissons tous au vieux système punition/récompense, hérité de nos grands-mères (Lucie, Margareth Thatcher, Jeanne Moreau...). Pour gagner, il faut être motivé. Alors, anticipez les bénéfices : « Si je boucle dans les temps, je me fais une toile, je pars en week-end... », « Si je décroche ce contrat, je me fais offrir le dernier MacBook » (le marchandage sera facile si on ne vous en croit pas capable), « Si je réussis ce coup-là, je m'offre avec Jules (qui paie sa part) une semaine à Venise », etc. Quand on se fait plaisir, le cerveau secrète des endomorphines dans l'organisme. On a la « drogue » sans les risques. Voilà pourquoi on se sent pousser des ailes quand on tombe amoureux ou qu'on décroche une grosse affaire. Le moral s'entretient en injectant du plaisir (au moins une fois) d'une manière ou d'une autre. Pour commencer, évitez de surcharger vos journées ou d'accumuler les corvées le même jour. Nous avons tous des obligations, des contraintes, des travaux ennuyeux. La solution dans ce cas-là, c'est un « sale boulot » par jour.

Acceptez l'échec

Dans la vie, on ne réussit jamais tout. Alors, quand vous échouez, ne gaspillez pas votre énergie à ressasser le passé ou à vouloir réparer vos erreurs. Quand vous êtes obsédé par un ratage, vous vous ruinez le moral et vous perdez confiance. Du coup, vous n'osez plus et, quand vous osez, vous faites les choses mal parce que vous avez peur de rater à nouveau. Alors, en cas d'échec, acceptez-le et focalisez-vous sur le plus important : qu'est-ce qu'il vous apprend sur vous, les autres, la vie… ? La prochaine fois, vous ferez mieux.

Chapitre 7

Savez-vous gérer le stress ?

Comme tout le monde, vous êtes plus ou moins stressé et souvent plus que moins… On pourrait se contenter de vous dire : mangez mieux, faites du sport, rallongez vos nuits, arrêtez de fumer, buvez moins d'alcool, prenez des vacances… Bref, le bon gros traitement du stress habituel, celui que recommandent les médecins et les journaux depuis une bonne vingtaine d'années selon le principe « à problème unique », le stress, « réponse unique », une meilleure hygiène de vie. Après tout, pourquoi pas ? Cela ne peut que faire du bien. Mais on sait depuis longtemps que tout le monde ne réagit pas de la même façon au stress. Certains sont plus résistants (ils sont capables de rester efficaces dans les situations décevantes et/ou hostiles malgré la pression ou l'échec) que d'autres. Notre capacité de résistance dépend de facteurs objectifs (l'âge, le niveau scolaire, l'activité professionnelle, la condition sociale, le niveau de revenu, etc.) et de facteurs personnels (le seuil de sensibilité physique et psychologique, le type de personnalité, les capacités intellectuelles et verbales, l'expérience passée, etc.). Aujourd'hui, la réponse au stress ne peut donc plus être unique : elle doit être adaptée aux variables psychologiques personnelles. Le test suivant est conçu en ce sens, il mesure vos réactions au stress pour vous permettre d'adapter vos réponses (dans la vie quotidienne, professionnelle...) en conséquence. Petite explication sur les termes : les quatre profils sont plus des indicateurs de tendances (plus ou moins marquées en fonction du nombre de points obtenus) que des vérités gravées dans le marbre. Si vous vous découvrez « dépressif » par exemple, cela ne veut pas dire que vous êtes en pleine dépression en ce moment, mais que votre forme de stress est plutôt liée à un manque de dopamine (le neurotransmetteur dopant). De même, si vous êtes un « agressif », vous n'êtes pas pour autant une brute insupportable (pas tout le temps). D'autre part, les types purs sont rares. Quelqu'un qui serait complètement « impulsif » ou « anxieux » par exemple ne serait pas très longtemps opérationnel, notamment dans le monde de l'entreprise. La plupart du temps votre profil de stress sera plutôt un mélange de deux dominantes (le plus souvent d'ailleurs anxieux-dépressif ou agressif-impulsif). À vous de voir dans quelles proportions, pour apprendre à mieux gérer votre stress.

Cochez chaque fois que vous vous reconnaissez dans les affirmations suivantes.

❑ Vous pensez que vous avez un « caractère de cochon » (on vous l'a d'ailleurs souvent dit).

Δ Vous vous montrez « d'accord » avec votre chef même quand vous pensez qu'il se trompe.

❍ Vous êtes très remuant (vous avez du mal à rester assis derrière votre bureau, vous parlez beaucoup avec les mains, etc.).

❖ Vous êtes très tatillon (sur les détails, les règles, les procédures) et parfois un peu trop rigide (vous perdez de vue l'objectif final).

Δ Au bureau, comme d'ailleurs en week-end avec vos amis, vous vous portez souvent volontaire pour les corvées.

❍ Vous vous décidez toujours très vite (même pour les affaires importantes ou dans les situations difficiles).

❑ Vous trouvez que les êtres gentils sont la plupart du temps ennuyeux ou sans intérêt.

Δ Vous êtes facilement blessé par les critiques (vous les prenez presque toujours pour des attaques personnelles).

❖ On vous reproche souvent d'être un peu trop moralisateur et donneur de leçons.

❖ Votre bureau croule sous les vieux dossiers, la vieille documentation, qui ne servent plus à rien depuis des mois, sinon des années.

❍ Vous avez tendance à attaquer mille choses à la fois (par enthousiasme, manque de méthode, etc.) et à n'en finir aucune.

Δ Vous avez déjà annulé un dîner ou un week-end en pensant faire plaisir à votre patron (il ne vous l'avait même pas demandé).

❖ À force de chercher à mieux faire, vous terminez souvent dans l'urgence pour respecter les délais.

❑ Les prises de risque, les conflits ne vous font pas peur ; vous aimez bien de temps en temps vous donner des poussées d'adrénaline.

Δ Vous pouvez vous attacher à quelqu'un (collaborateur, camarade de travail, employé) au point de poursuivre la relation même si elle vous nuit.

❑ Dans un groupe, vous avez tendance à prendre spontanément le leadership, la direction des opérations.

- ❖ Vous ne déléguez que contraint et forcé (vous avez la conviction que les autres ne feront pas les choses correctement).
- ❍ Vous êtes plutôt gaffeur dans votre travail (vous oubliez des rendez-vous, vous mettez les pieds dans le plat, etc.).
- ❑ Vous arrivez souvent en retard à vos rendez-vous (même quand vous partez à l'avance).
- ❍ Vous supportez mal l'autorité, vous n'aimez pas vous soumettre à la manière de voir et de travailler d'un chef, d'un patron.
- ❖ Au bureau, vous travaillez ; vous prenez rarement le temps de faire une pause ou de discuter de tout et de rien autour de la machine à café.
- ❑ Avec vous, le ton peut monter très vite (vous ne mâchez pas vos mots et vous vous énervez facilement).
- Δ Vous ne prenez pas de décision (même des petites) sans consulter largement (pour être rassuré).
- ❍ Vous avez l'esprit vif (vous saisissez rapidement), mais vous manquez parfois de concentration (vous pouvez être facilement distrait).
- Δ Vous vous demandez souvent si vous n'allez pas être renvoyé.
- ❍ Vous détestez avoir l'impression de perdre votre temps.
- ❑ Vous êtes très « territorial » (vous détestez qu'on envahisse votre bureau, qu'on se serve de vos affaires, etc.).
- ❖ Vous travaillez souvent le soir ou le week-end (et/ou vous avez beaucoup de jours de vacances en retard à prendre).
- ❍ Vous ne savez pas ce que vous ferez demain (cela dépendra des circonstances et de votre inspiration du moment).

❑ Dès qu'il s'agit de faire valoir vos droits ou de revendiquer ce qui vous est dû, vous montez très vite au créneau.

Δ Quand vous avez un problème avec quelqu'un, vous préférez céder d'avance que faire naître un conflit.

O Vous avez tendance à saisir toutes les occasions qui se présentent (même si vous ne désirez pas particulièrement ce qu'elles vous offrent).

❑ Vous trouvez plus facile (et plus efficace) d'imposer que de convaincre (écouter, argumenter, remporter l'adhésion).

Δ Pour être efficace dans votre travail, vous avez besoin qu'on vous dise très clairement ce qu'on attend de vous et ce que vous avez à faire (vous prenez rarement des initiatives de votre propre chef).

❖ Vous êtes avare de votre temps (et de votre argent) quand vous ne vous sentez pas personnellement intéressé.

O Quand vous avez quelque chose de désagréable à faire, vous attendez toujours la dernière minute (jusqu'à ce que vous ne puissiez plus l'éviter).

Δ Quand votre patron fait la tête, vous pensez qu'il doit vous en vouloir.

❑ Vous êtes plutôt jaloux dans vos affections et vos amitiés.

❖ Même quand vous appréciez quelqu'un, vous avez du mal à le montrer (vous n'êtes pas très démonstratif, vous faites rarement des compliments, etc.).

❖ Vous avez souvent du mal à prendre des décisions (vous évitez, vous repoussez ou vous traînez en longueur...).

Comment analyser vos résultats ?

Comptez les différents symboles que vous avez récoltés et reportez-vous au profil correspondant (ou aux profils correspondants si vous avez moins de deux points d'écart entre deux symboles).

Majorité de ❑
Votre profil de stress : « agressif »
Vous affrontez les problèmes (et les autres) de face, souvent sans nuances, et vous avez tendance à vous imposer (vous êtes colérique, fonceur, conquérant), quitte à créer des conflits, des situations difficiles. Vous tranchez, vous aboyez, vous agressez, mais vous n'êtes pas conscient de l'impression que vous donnez.

Comment gérer au mieux ?
En général…
- Comprenez que votre attitude agressive est d'abord un réflexe défensif (par peur de ne pas être à la hauteur, d'être rejeté).
- Apprenez à désamorcer l'agressivité dans vos relations, en prenant le temps d'expliquer que votre comportement (vos manières rudes, vos crises de mauvaise humeur) ne vous empêche pas d'apprécier les autres et ce qu'ils font.
- Contournez les obstacles (au lieu de les prendre de front) et renoncez systématiquement en cas de problème (au lieu d'exploser).
- Soyez plus à l'écoute des autres, au lieu de sacrifier à la performance, au résultat, au détriment de la communication et de la convivialité.

Au bureau…
- Connaissez vos réels besoins (de socialité, matériels) et fixez-vous des objectifs en conséquence, au lieu de faire

des choix contradictoires (par exemple, vouloir beaucoup de responsabilités professionnelles et en même temps beaucoup d'indépendance).

- Sachez ce que vous voulez, ce qui compte d'abord pour vous, et hiérarchisez vos priorités en conséquence au lieu de mener plusieurs combats de front.
- Sachez de quoi vous êtes capable et faire des choix réalistes en conséquence, au lieu de vous fixer des objectifs irréalistes (par exemple, en cherchant à brûler des étapes dans votre carrière).

Majorité de ❖
Votre profil de stress : « anxieux »
Sans cesse tiraillé entre votre niveau d'exigence interne (les choses ne sont jamais assez bien pour vous) et vos obligations externes (vous devez être productif, rendre votre travail, faire du résultat), même quand tout va pour le mieux (travail, famille, amour...), vous stressez parce que vous cherchez à trop bien faire et à tout contrôler.

Comment gérer au mieux ?
En général...

- Comprenez que votre anxiété est essentiellement due à une estime de soi trop basse (vous doutez de vous et de vos capacités).
- Acceptez-vous comme vous êtes. Exploitez vos vrais talents au lieu de vous laisser obséder par vos points faibles. Chaque fois que vous vous efforcez de « réparer » un défaut, vous augmentez notablement votre stress.
- Fixez-vous des objectifs, des modèles réalistes. Quand on met la barre trop haut (si haut que la réussite en devient impossible), on est un insatisfait chronique et on s'en veut de ne pas y arriver.

- Apprenez à relativiser. Personne n'est parfait : vous avez le droit à l'erreur, le monde ne va pas s'effondrer si vous ratez votre coup ou faites une bêtise.

Au bureau…

- Contentez-vous de bien faire. C'est déjà beaucoup. À vouloir trop bien faire, souvent on se noie dans les détails : on perd de vue son but principal et on ne finit rien, ou alors on ne fait pas tout.
- Ne « bourrez » pas vos journées. Dans la vie, il y a des imprévus (contretemps, problèmes de transports, clients qui surgissent à l'improviste, etc.). La bonne équation : 25 % de temps « libre » pour faire face aux problèmes ou profiter des plaisirs inattendus.
- Imposez-vous des dates limites et des quotas : tant de temps pour faire ceci ou cela, afin de lutter contre vos tendances perfectionnistes.
- Soyez toujours positif. Dans la vie, il y a aussi des contretemps, des incidents de parcours et des changements. Demandez-vous chaque fois : « Qu'est-ce que je peux faire ? » au lieu de critiquer (« celui-là, jamais à l'heure », d'accuser (« c'est sa faute »), ou de regretter (« c'était mieux avant »).

Majorité de Δ
Votre profil de stress : « dépressif »

Plutôt passif, plus tenace que combatif, vous avez tendance à vous résigner face à des situations, des êtres qui vous nuisent. Vous êtes souvent esclave de vos habitudes (vous devez faire des efforts pour tout) et vite débordé par les événements (vous êtes tout le temps fatigué, vous n'arrivez pas à faire face). Vous stressez parce que vous accumulez les contraintes et les obligations.

Comment gérer au mieux ?

En général...

- Pensez d'abord à votre forme. Une fatigue permanente est un symptôme du stress (et un prétexte pour traîner des pieds), mais ce peut être aussi une carence physiologique (manque de fer, de magnésium...).
- Imposez-vous une discipline. Respectez des horaires (travail, repas, sommeil...) réguliers, même en l'absence d'obligations, pour ne pas sombrer dans la dépression.
- Organisez-vous un programme chargé : remplissez vos journées (travail, courses, démarches, rendez-vous, etc.) pour vous obliger à être actif et à bouger.
- Luttez contre l'habitude. Faites une liste (la plus complète possible) de toutes vos habitudes (les « bonnes » comme les mauvaises) et, tous les jours, changez-en une (au moins).
- Faites-vous des petits plaisirs tous les jours. C'est essentiel pour retrouver l'envie d'avoir envie. Quand on est paralysé, qu'on a du mal à se désengluer de la routine, c'est toujours par manque de plaisir.
- Sortez. Entourez-vous de gens hyperactifs pour profiter de l'effet d'entraînement et remonter votre moral.

Au bureau...

- Ne remettez pas au lendemain. Donner un coup de fil important, avoir une discussion de fond (avec son patron, un client, un banquier...), etc., *just do it.*
- Méfiez-vous des « il faut » pour apprendre à dire « non » (à vous-même comme aux autres). Inversez : « Faut-il vraiment que... », et éliminez.
- Fermez la porte pour travailler efficacement. La politique de la porte ouverte (« il faut » être disponible) a fait son temps. Et apprenez aux autres (patron, collaborateurs, chérie, enfants...) à le respecter (le minimum, c'est de frapper avant d'entrer).

- N'ayez pas peur. Vous dites toujours oui à votre boss pour vous faire bien voir ou ne pas vous créer de problème ? Forcément, vos nerfs (et votre travail) en souffrent. Alors, refusez en expliquant pourquoi : votre patron ne peut pas être au courant de l'emploi du temps de tout le monde.
- Ne cherchez rien à prouver. Vos collègues sont toujours tentés de vous « refiler le bébé » en arguant que vous êtes plus compétent, plus ceci ou cela. Déclinez l'offre ! Chacun ses responsabilités.

Majorité de ○
Votre profil de stress : « impulsif »
Comme l'« agressif », vous luttez sans cesse contre le temps (vous essayez d'en faire plus en moins de temps), vous êtes impatient (tout est urgent), rapide (vous bâclez souvent), vous faites plusieurs choses à la fois (et vous vous dispersez). Mais vous êtes moins concentré (vite distrait) et moins efficace (vous parez au plus pressé). Vous stressez parce que vous n'anticipez pas, vous agissez au coup par coup, sans visibilité.

Comment gérer au mieux ?
En général...
- Comprenez que votre « dynamique » est plus de l'ordre de la fuite en avant. Si vous vivez presque toujours dans l'urgence, c'est en réalité pour lutter contre l'angoisse (du vide) et la dépression.
- Apprenez à décharger vos tensions dans des activités non dommageables (rire, jouer, parler, etc.) pour votre santé, vos affaires (ou les autres).
- Faites une seule chose, livrez-vous à un seul plaisir à la fois. En multipliant les activités, vous multipliez les stress. Vous ne profitez de rien et vous vous dispersez.

- Prenez votre temps. La précipitation est incompatible avec l'efficacité et le plaisir. Alors, chaque fois que vous êtes tenté d'agir, ne le faites pas immédiatement. Donnez-vous cinq minutes, une heure ou une nuit pour réfléchir d'abord aux implications.
- Respectez le temps des autres (vous avez tendance à être très « chronophage »). Tenez vos proches au courant de votre emploi du temps et informez-vous du leur.

Au bureau...

- Planifiez. Listez vos obligations (travail, courses, démarches administratives, rendez-vous, enfants, etc.). Prévoyez dès la veille votre programme du lendemain soir, dès mardi celui du week-end, dès février vos vacances d'été.
- Respectez les échéances. Travaux à remettre, factures à régler, entretien voiture (ou photocopieuse), visites de contrôle (médecin, dentiste, etc.)... ce qui vous demande cinq minutes aujourd'hui vous prendra demain trois heures et augmentera votre stress d'autant.
- Organisez-vous (rangez toujours les mêmes choses à la même place, classez tout de suite au lieu d'enfouir dans les tiroirs et les placards) pour ne pas perdre un temps précieux à chercher, et séquencer vos activités : une tâche, un dossier ou un problème à la fois.
- Réglez les problèmes. Vous faites l'autruche sur un petit ou un grand problème, en vous disant que, avec le temps, tout va s'arranger. Neuf fois sur dix, immanquablement, les choses s'aggravent.

Calculez votre niveau de stress actuel

Le stress est nécessaire, mais à condition de ne pas dépasser certaines limites. Votre indice stress est-il dans la norme ?

Ce questionnaire, couramment utilisé dans la médecine du stress, vous permet de le vérifier.

	Jamais	Rarement	Parfois	Souvent
Avez-vous des sensations de fatigue ?	0	1	2	3
Vous sentez-vous irritable ?	0	1	2	3
Ressentez-vous des douleurs thoraciques ?	0	1	2	3
Avez-vous un sommeil agité ?	0	1	2	3
Avez-vous du mal à démarrer le matin ?	0	1	2	3
Avez-vous des douleurs dans le dos ?	0	1	2	3
Avez-vous des angoisses sans raison objective ?	0	1	2	3
Avez-vous besoin de café (ou de thé), de tabac pour vous sentir réveillé le matin ?	0	1	2	3
Avez-vous le plexus noué ?	0	1	2	3
Vous réveillez-vous la nuit entre 1 et 4 heures du matin ?	0	1	2	3
Avez-vous mal à la nuque ?	0	1	2	3
Avez-vous des « coups de pompe » vers 17 heures ?	0	1	2	3

	Jamais	Rarement	Parfois	Souvent
Vos douleurs augmentent-elles avec la contrariété ?	0	1	2	3
Avez-vous pris des somnifères ces six derniers mois ?	0	1	2	3
Avez-vous été malade ces douze derniers mois ?	0	1	2	3
Avez-vous pris ou perdu du poids ces douze derniers mois ?	0	1	2	3
Avez-vous eu des maux de gorge ces six derniers mois ?	0	1	2	3
Avez-vous eu des migraines ces trois derniers mois ?	0	1	2	3
Avez-vous des difficultés de concentration ?	0	1	2	3
Avez-vous des réactions de sursaut exagérées ?	0	1	2	3
Avez vous des difficultés à vous endormir ?	0	1	2	3
Avez-vous fait des cauchemars ces trois derniers mois ?	0	1	2	3

	Jamais	Rarement	Parfois	Souvent
Vous êtes-vous blessé ces six derniers mois (accidents de la route, domestiques, sportifs...)	0	1	2	3
Avez-vous le sentiment de ne pas avoir assez de temps pour tout ?	0	1	2	3

Votre niveau de stress...

Comptez le nombre de points que vous avez obtenus en répondant aux questions précédentes.

Moins de 37 points
Un niveau de stress très faible, un peu trop bas même parfois. Le bon stress existe. Il est nécessaire pour être performant et il protège aussi des agressions de l'environnement. À ce niveau, vous devez apprendre à mieux mobiliser les ressources de votre organisme, de votre moi, pour accroître vos capacités de résistance.

Entre 38 et 50 points
Un niveau de stress normal. Chez vous, le cycle du stress se déroule la plupart du temps sans problème. Votre organisme est capable de réagir rapidement si nécessaire, de mobiliser toutes ses ressources pour faire face aux pressions de l'environnement, résister aux agressions. La récupération s'effectue généralement bien.

Entre 51 et 62 points
Le stress fait partie de votre mode de vie ; pour vous, c'est un état normal. L'organisme a développé une accoutumance et il est la plupart du temps en phase d'alarme ou de résistance (vigilance). À ce niveau de stress, il est indispensable ou de changer de mode de vie pour réduire la pression ou de développer ses capacités de récupération et, surtout, de s'en donner le temps.

Entre 63 et 75 points
Un niveau de stress en zone d'alerte. Votre organisme est en phase d'épuisement, de fatigue chronique. Il est indispensable de « décrocher » autant que possible et de revoir sa liste de priorités. À ce niveau, vous n'êtes plus de toute façon « opérationnel » ; vous vivez la plupart du temps sur la défensive. Vous n'êtes plus réellement capable de savoir ce qui est vraiment important pour vous. Vous avez d'abord besoin de récupérer.

Chapitre 8

Êtes-vous carotte ou bâton ?

Qu'est-ce qui vous fait courir : l'espoir du succès ou la crainte de l'échec ? Et avec les autres, êtes-vous main de fer ou gant de velours ? Cochez chaque fois que vous vous reconnaissez dans les affirmations suivantes.

- ❑ Vous vivez au-dessus de vos moyens (votre compte est souvent à découvert).
- ❍ Même quand on vous fait des critiques mineures, vous avez à cœur de vous justifier.
- ❍ Vous vous sentez toujours un peu anxieux ou impatient devant les changements (tâche nouvelle, restructuration, déménagement, etc.).
- ❑ Vous vous ennuyez quand votre existence est trop routinière ; vous aimez bien être surpris (par les gens, les événements).
- ❑ Vous vous énervez facilement (par exemple, en voiture dans les embouteillages, quand vous devez attendre chez le coiffeur, un médecin…).

- ❍ Vous avez du mal à rester inactif pendant vos heures de loisir ; vous avez toujours besoin de vous occuper.
- ❑ Vous êtes hypersensible à la douleur (vous ne supportez pas les piqûres, vous avez peur d'aller chez le dentiste...).
- ❑ Dans votre travail, vous avez souvent tendance à prendre les critiques pour des reproches personnels.
- ❍ Quand vous avez un train à prendre, vous arrivez toujours à la gare longtemps à l'avance.
- ❑ Vous avez tendance à voir le bon côté des choses (à envisager les solutions plutôt que les problèmes).
- ❍ Vous avez presque toujours du mal à vous endormir ou vous vous réveillez souvent dans la nuit.
- ❑ Vous avez besoin de sentir que les autres vous apprécient, même quand vous n'attendez spécialement rien d'eux.
- ❍ Vous sursautez presque toujours en cas de bruit soudain (sonnerie du téléphone, coup de sonnette, porte qui claque...).
- ❑ Vous vous pliez sans difficulté (ou en tout cas vous faites bien semblant) aux exigences des autres.
- ❍ Vous mangez très vite (vous finissez d'ailleurs presque toujours avant les autres).
- ❍ Vous avez du mal à jeter les choses (même quand elles n'ont aucune valeur ou importance sentimentale).
- ❑ Vous aimez bien la compagnie des animaux (vous en avez un ou vous pourriez vivre avec un animal).
- ❑ Quand l'ambiance n'est pas bonne, vos performances (et vos résultats) ont tendance à chuter.
- ❍ Vous avez rarement pris plus de quinze jours de vacances d'affilée (depuis que vous travaillez).
- ❍ Vous avez tendance à ressasser les événements passés et à ruminer les mauvaises nouvelles.

- ❑ Vous êtes plutôt sociable, voire très consensuel ; vous vous adaptez facilement même quand vous n'êtes pas d'accord.
- ❑ Vous trouvez qu'on tire toujours plus de leçons de ses succès que de ses échecs.
- ○ Vous êtes un peu (ou très) superstitieux (vous avez plusieurs grigris à votre porte-clefs, vous touchez du bois, etc.).
- ❑ Vous vous comparez souvent aux autres, surtout à ceux qui ont plus que vous (beauté, richesses, pouvoir...).
- ❑ On vous a souvent reproché de parler beaucoup (de ne pas assez écouter, de vous confier un peu trop rapidement...).
- ○ Les surprises, même les bonnes, vous mettent toujours très mal à l'aise.
- ○ Vous avez souvent des crampes ou des douleurs musculaires (nuque, épaules, dos, jambes...).
- ❑ Vous avez le contact facile ; vous êtes rapidement à l'aise quand vous ne connaissez pas les gens.
- ○ Vous vous sentez souvent très fatigué le soir (alors que vous n'avez pas spécialement fait d'effort pénible).
- ❑ Vous vous souciez généralement peu des conséquences lointaines de vos actes (vous pensez plus en termes d'avantages immédiats).
- ❑ Vous êtes très attaché à vos prérogatives et très sensible aux questions de préséances.
- ○ Quand vous avez une décision importante à prendre, vous attendez souvent la dernière limite.
- ○ La veille d'un départ en vacances, vous vous sentez toujours un peu à bout.
- ❑ Vous avez au moins une contravention par semaine (même en faisant attention).

- ❍ Vous revenez souvent sur vos pas pour vérifier si vous avez bien fermé votre voiture (ou le gaz, les lumières, etc.).
- ❑ Vous avez en général des a priori très positifs envers les autres (vous ne voyez pas le mal partout).
- ❍ Vous n'êtes pas très à l'aise quand vous connaissez peu ou pas du tout les gens.
- ❑ Vous ne vous imaginez pas travailler tout seul dans votre coin, avec un chef qui ne passe la tête que tous les trois jours pour demander : « Ça va ? »
- ❍ Vous avez toujours une petite inquiétude en prenant ou en ouvrant votre courrier.
- ❍ Quand on vous confie une nouvelle tâche, vous vous demandez d'abord si vous allez être à la hauteur.

Comment analyser vos résultats ?

Comptez votre nombre de ❑ et de ❍ et reportez-vous au profil correspondant.

Plus de ❑ que de ❍
Vous êtes « carotte »
Vous vous motivez d'abord au succès. Pour agir, donner le meilleur de vous-même, vous avez besoin d'imaginer les retombées en termes de bénéfices personnels (compliments, argent, reconnaissance, avantages...). Et pour motiver les autres (pour vous, entretenir le moral des troupes, c'est le premier devoir d'un manager), vous employez essentiellement des stimulations positives.

Vos forces
Votre confiance (en vous-même et en l'avenir) : la compétition, les défis ont plutôt tendance à vous stimuler.

Votre enthousiasme : pour lancer un nouveau projet, conquérir un nouveau marché, etc., vous êtes toujours partant. Votre capacité d'initiative : vous cherchez à améliorer les choses chaque fois que c'est possible. Votre entrain : vous savez stimuler une équipe, ses activités de façon à atteindre les objectifs à la satisfaction de tous.

Vos risques
Le manque de persévérance : vous vous démotivez facilement en période *down* ou quand le succès se fait attendre. L'impatience : votre niveau de performance a tendance à chuter en l'absence de satisfactions immédiates ou quand votre travail devient trop répétitif. L'impulsivité : vous faites parfois des erreurs parce que vous être trop confiant (vous sous-estimez les obstacles, les impondérables, etc.).

Ce que vous devez apprendre
À vous projeter dans le long terme pour garder un niveau d'activité soutenu quand le business et les perspectives de gratifications ne sont pas roses à brève échéance. À vous montrer un peu plus ferme avec vos collaborateurs, surtout ceux qui sont plutôt « bâton », pour éviter les malentendus (par exemple, votre côté sympa pourrait être pris pour de la faiblesse).

Plus de ❍ que de ❑
Vous êtes « bâton »
Ce qui vous motive, c'est d'abord la crainte de l'échec. Vous faites tout pour éviter les sanctions : passer pour un nul (à vos yeux comme à ceux des autres), vous faire remonter les bretelles par votre supérieur hiérarchique, perdre vos avantages, être placardisé, licencié, etc. De même, avec vos collaborateurs, vous utilisez plus spontanément l'épée de Damoclès que les promesses (de récompense).

Vos forces
L'application : quand vous avez quelque chose à faire (tâche, mission, objectif), vous le faites bien, même en l'absence de gratifications personnelles immédiates. La persévérance : vous ne vous laissez pas décourager par les difficultés (bien au contraire !). La fiabilité : vous avez le sens de vos responsabilités et de vos obligations (envers les autres, l'entreprise). La vigilance : vous veillez à ce que les autres fassent bien leur travail.

Vos risques
Le manque de souplesse : votre niveau de performance a tendance à chuter en cas de changement (d'environnement, de poste, de méthode ou de chef) ou d'imprévu. L'entêtement : vous pouvez vous enferrer dans vos erreurs (au lieu de vous adapter aux événements et de corriger le tir en conséquence). Le stakhanovisme : vous faites trop pression sur les autres et finissez par faire régner un très mauvais climat.

Ce que vous devez apprendre
À réinjecter du plaisir dans votre réalité (« Si je boucle dans les temps, je vais au cinéma, je pars en week-end », « Si je réussis ce coup-là, je m'offre le voyage, la voiture de mes rêves », etc.) pour lutter contre l'usure du travail. À vous montrer plus gratifiant avec les autres, particulièrement avec ceux qui ont besoin de carottes pour avancer (ce ne sont pas tous des ânes !), à convaincre (écouter, argumenter, remporter l'adhésion) au lieu d'imposer.

Nombre de ○ et de ❑ à peu près égal (moins de 3 points d'écart)
Vous êtes « mi-carotte » « mi-bâton »
D'un côté, vous êtes sensible aux risques de sanctions ; de l'autre, vous avez aussi besoin de récompenses : vous ne vous motivez pas seulement en évitant les embêtements. Vis-à-vis de vos collaborateurs, votre attitude est également ambivalente : vous avez recours aux stimulations positives et à la menace (plus ou moins explicite) de sanctions.

Vos forces
Votre implication : vous donnez toujours beaucoup de vous-même du fait que vous êtes doublement stimulé (par la recherche du succès et la crainte de l'échec). Votre puissance de travail : vous avez et vous gardez un niveau d'activité élevé (dynamisme, résistance physique, psychique...) « dans la joie comme dans la peine ». Votre combativité : vous êtes ambitieux et vous faites les efforts nécessaires pour progresser. Votre habileté : vous savez faire jouer les motivations (« carotte » ou « bâton ») adaptées à chacun.

Vos faiblesses
L'individualisme : vous avez facilement tendance à tirer la couverture à vous en cas de succès et à faire porter la responsabilité des échecs aux autres. L'ambiguïté : en cherchant à jouer sur les deux tableaux (la carotte et le bâton), vous déboussolez souvent vos collaborateurs. Et vous passez souvent ainsi pour quelqu'un d'intéressé (trop opportuniste) ou de manipulateur.

Ce que vous devez apprendre
Le credo de Beaumarchais : « Nul besoin d'espérer pour entreprendre, de réussir pour persévérer », vous permettra de rester opérationnel et performant, même en l'absence

d'avantages personnels ou de pressions. Apprenez aussi à vous montrer plus direct avec vos collaborateurs (promesses et/ou « menaces » claires et suivies d'effets) au lieu de paraître main de fer dans un gant de velours, si vous voulez garder votre influence et votre crédibilité.

Nos comportements sont-ils prédictibles ?

Quels sont les moteurs de nos actes ? Le débat ne date pas d'hier. Mais pour les neuropsychiatres, il n'y a pas de doute : c'est d'abord une question de neurochimie. Pour J. A. Gray, un chercheur américain, tous nos comportements, au bureau comme à la maison, sont initiés par deux grands systèmes neuronaux :

- un système d'activation du comportement (*Behavioral Activation System,* BAS), sensible aux signaux de récompense ;
- et un système d'inhibition du comportement (*Behavioral Inhibition System,* BIS), sensible aux signaux de punition.

Gray différencie ainsi deux grandes catégories de sujets : certains individus, plus sensibles au BAS, se motivent et motivent les autres principalement par la récompense ; d'autres, plus sensibles au BIS, utilisent plus spontanément la crainte de la sanction.

Chapitre 9

Acceptez-vous facilement les critiques ?

Oui, bien sûr, la critique est aisée et l'art est difficile, mais on ne s'améliore pas dans son travail, ni à titre humain d'ailleurs, quand on ne supporte pas les critiques. Et puis, comme dit Carla Bruni : « Il y a une chose pire que de ne pas être critiqué, c'est de ne pas s'exposer aux critiques » (evene.fr, janvier 2007). Évidemment, les critiques sont toujours désagréables à entendre, même quand elles sont justifiées (et peut-être encore plus dans ce cas-là), même quand elles sont constructives. Les propos négatifs nous affectent bien davantage que les positifs. C'est ce qu'ont montré C. E. Waugh et B. L. Fredrickson, deux chercheurs en psychologie sociale. Selon eux, il faudrait même 2,9 compliments pour compenser une critique. Ce serait le minimum pour qu'une relation soit « florissante » : « Ceux qui se situent au-dessus du ratio s'épanouissent (*flourish*) et ceux qui se situent en dessous languissent (*languish*). » Quoi qu'il en soit, il vaut mieux ne pas être trop susceptible. Votre amour-propre est-il trop chatouilleux ? Cochez chaque fois que vous vous reconnaissez dans les propositions suivantes.

- ❑ Je veux être irréprochable.
- ❑ J'ai du mal à revenir sur une décision.
- ❑ Quand quelque chose tourne mal, c'est à mon avis forcément la faute de quelqu'un.
- ❑ J'ai toujours le plus grand mal à m'excuser quand j'ai fait une bêtise.
- ❑ J'ai tendance à bredouiller quand je suis énervé.
- ❑ J'ai souvent le trac quand je dois parler devant des gens que je ne connais pas.
- ❑ Je trouve que je n'ai pas beaucoup de chance en général.
- ❑ Je préfère travailler tout seul (plutôt qu'en équipe), dans un bureau fermé (plutôt qu'en open space).
- ❑ J'ai du mal à soutenir le regard de quelqu'un.
- ❑ Je suis toujours le même en toutes circonstances.
- ❑ J'ai besoin de sentir que les gens m'aiment bien.
- ❑ Je ne suis pas rassuré quand je ne sais pas dans quoi je mets les pieds.
- ❑ J'ai toujours eu beaucoup de difficulté à supporter l'autorité des autres.
- ❑ Dans mon travail, j'ai envie que tout soit parfait.
- ❑ Je préfère les chiens aux chats.
- ❑ Je ne me sens pas très à l'aise en situation de compétition.
- ❑ Je suis assez rancunier.
- ❑ Je deviens nerveux quand je sens que quelqu'un m'observe.
- ❑ On m'a souvent reproché d'être un peu trop donneur de leçons.
- ❑ J'ai tendance à faire de tout un problème personnel, j'ai du mal à relativiser.
- ❑ Je suis enfant unique.

- ❑ Je me dispute assez souvent avec les gens pour des détails sans importance.
- ❑ Je me compare souvent aux autres.
- ❑ Je déteste qu'on intervienne dans mon travail.
- ❑ J'hésite souvent avant de prendre une décision.
- ❑ Quand je commets une erreur, je fais tout pour la dissimuler.
- ❑ Je pense souvent dans mon travail que je n'ai pas vraiment le choix.
- ❑ Quand on me taquine, je me demande toujours si c'est du lard ou du cochon.
- ❑ Je ne me confie pas beaucoup aux autres.
- ❑ Je pense que je travaille beaucoup mieux que les autres ne le croient.
- ❑ J'ai tendance parfois à me noyer dans les détails.
- ❑ J'ai souvent l'impression que mes chefs m'en demandent trop.
- ❑ Je soupçonne souvent les autres d'avoir de mauvaises intentions à mon égard.
- ❑ Je ne supporte pas le désordre.
- ❑ Je trouve que mes mérites ne sont pas reconnus à leur juste valeur.
- ❑ J'ai tendance à traîner des pieds (ou à bâcler) quand je n'ai pas envie de faire quelque chose.
- ❑ J'imagine qu'on doit me cacher beaucoup d'informations.
- ❑ Je suis toujours très attentif au niveau de mes performances par rapport à celui des autres.
- ❑ Je m'efforce d'être consensuel.
- ❑ Je suis plutôt exclusif dans mes affections et mes amitiés.

Comment analyser vos résultats ?

Comptez le nombre de fois où vous avez répondu « oui » et reportez-vous au profil correspondant.

Moins de 15 « oui »
Vous êtes stoïque
Est-ce une conscience (juste) de votre valeur personnelle : vous avez été élevé dans le respect de soi et des autres, vous n'êtes ni coincé ni arrogant ? Ou une certaine forme d'indifférence : vous êtes assez insensible aux critiques comme aux compliments ? En tout cas, vous n'avez pas de difficulté pour accepter les critiques (tant qu'elles ne sont pas malveillantes). Vous ne vous énervez pas chaque fois qu'on vous suggère une solution pour être plus efficace. Vous ne vous drapez pas dans un silence boudeur chaque fois qu'on remet en question votre travail. Et vous êtes capable de reconnaître vos torts, vos erreurs et même vos fautes. Bref, vous avez une morale (le sens de vos responsabilités), des exigences (envers vous-même) et un surmoi assez fort pour supporter la critique.

De 16 à 25 « oui »
Un peu chatouilleux, mais pas trop
Ou en tout cas, pas tout le temps. Si on vous fait des critiques sur votre travail, vous ne vous sentez pas personnellement visé. Vous êtes capable de reconnaître vos erreurs, de vous corriger. Vous ne pas passez pas votre temps à vous poser en « victime » (à demander des comptes, accuser, faire des procès). Vous cherchez plutôt à comprendre ce qui ne va pas pour vous améliorer. Mais parfois (surtout si vous êtes plus près des 25 points), vous avez tendance à réagir de façon excessive : les jours où vous êtes mal luné (c'est bien naturel), mais surtout quand une critique vous semble

injustifiée. Comment être moins « froissable » ? Comme disait Dale Carnegie, le pape de la pensée positive : « Faites de votre mieux. Ensuite, ouvrez votre vieux parapluie et promenez-vous tranquillement sous l'averse des critiques qui ne pourront plus vous atteindre. »

Plus de 25 « oui »
Vous êtes beaucoup trop susceptible
Est-ce un manque d'assurance à la base ? Ou un excès d'arrogance (les deux vont d'ailleurs fréquemment ensemble) ? En tout cas, vous préférez souvent un compliment menteur à une critique sincère. Vous avez tendance à prendre les plus petites réflexions sur votre travail, les moindres suggestions (pour plus d'efficacité) comme des remises en cause personnelles. Au lieu de voir comment vous pouvez vous améliorer, vous vous braquez (souvent en vous défaussant de vos responsabilités sur les autres). Comment être moins blessé dans votre amour-propre ? Peut-être en faisant vôtre la devise du général Patton : « Quand on fait quelque chose, on provoque des critiques chez trois catégories de personnes : 1) celles qui font la même chose ; 2) celles qui font le contraire ; 3) et surtout celles qui ne font rien. »

Chapitre 10

Êtes-vous (trop) influençable ?

« J'ai pris la décision de ne plus être influençable. Qu'est-ce que vous en pensez ? » (Patrick Sébastien, *Carnet de notes*). Les psychopathes, *serial killers*, tueurs SS et autres bourreaux occasionnels ou chroniques, ne sont pas influençables, il manquent d'empathie. Les grands hystériques le sont trop. Entre les deux, nous, parfois pas assez perméables, trop rigides, parfois éponges, beaucoup trop suivistes. Peu influençable, on s'entête dans ses comportements, ses idées, ses erreurs. Quand on se croit trop fort (« Moi, personne ne m'influence... »), on est d'autant plus manipulable que l'on n'a pas conscience d'être manipulé. À terme, on s'enferme dans un monde de certitudes toutes faites et de solitude glacée. On se fige et au lieu de progresser, de s'améliorer, on reste bloqué sur ses positions. Trop influençable, on n'a plus d'idée à soi, on laisse les autres mener notre vie, on se retrouve embringué dans des situations qui ne sont pas bonnes pour nous ni sur le plan humain ni sur le plan social. Bref, l'idéal, c'est d'être ouvert, mais pas dupe non plus.

Êtes-vous trop ou pas assez influençable ? Voici une série d'affirmations, cochez chaque fois que vous êtes d'accord.

- ❑ Vous détestez vous fâcher avec les gens.
- ❑ Vous vous rongez les ongles.
- ❑ Il ne vous arrive jamais de passer toute une journée sans voir personne.
- ❑ Vous avez besoin de sentir que les autres vous aiment bien.
- ❑ Vous arrivez souvent en retard à vos rendez-vous (même quand vous partez à l'avance).
- ❑ Vous enviez vos amis quand ils vous parlent de leur travail, vous racontent leurs vacances ou leurs conquêtes.
- ❑ Vous n'avez jamais habité tout seul (ou alors pas plus de trois mois).
- ❑ Vous vous demandez souvent ce que les autres vous trouvent d'intéressant.
- ❑ Vous pensez que quelqu'un vous en veut en ce moment.
- ❑ Au bureau ou en week-end avec vos amis, vous vous chargez souvent de toutes les corvées.
- ❑ Vous avez le sentiment de refaire toujours les mêmes erreurs.
- ❑ Vous buvez de l'alcool (plus d'un verre) tous les jours.
- ❑ Vous pensez que votre patron ne vous apprécie pas autant qu'il le devrait.
- ❑ Dans un couple, vous pensez que c'est mieux de tout faire ensemble.
- ❑ Vous pensez souvent que vous n'avez pas vraiment le choix.
- ❑ Vous avez besoin de vous sentir indispensable.
- ❑ Vous prenez tout très à cœur, même les choses sans importance.

- ❑ Parfois vous vous dites qu'il y a quelqu'un dans votre ordinateur.
- ❑ Vous avez tendance à vous effondrer quand on vous fait une critique que vous trouvez imméritée.
- ❑ Vous avez des allergies (pollen, acariens, etc.).
- ❑ Vous êtes plutôt jaloux dans vos amitiés.
- ❑ Vous avez pris des antidépresseurs ou des anxiolytiques ces six derniers mois.
- ❑ Vous avez plus d'une fois annulé un dîner ou un week-end parce que votre patron vous a demandé de rester.
- ❑ Quand quelqu'un oublie de vous dire bonjour le matin au bureau, vous pensez toute la journée qu'il vous en veut.
- ❑ Vous avez le trac quand vous devez parler devant plus de deux personnes.
- ❑ Vous vous montrez souvent d'accord avec vos collègues, même quand vous pensez qu'ils ont tort.
- ❑ On vous a souvent reproché d'être trop gentil.
- ❑ Vous êtes très sensible aux compliments.
- ❑ Vous ne savez pas comment prendre les choses quand vos collègues vous taquinent.
- ❑ Vous détestez devoir annoncer une mauvaise nouvelle à votre patron.
- ❑ Vous avez besoin de voir souvent vos amis.
- ❑ Vous avez souvent peur de vous tromper.
- ❑ Vous êtes très sensible à votre cadre et à votre ambiance de travail.
- ❑ Vous jugez plutôt les autres sur leurs intentions.
- ❑ Quand un collègue se fait licencier, vous avez toujours une pensée émue même s'il n'était pas d'une grande aide.
- ❑ Votre humeur fait souvent du yo-yo en fonction des variations atmosphériques.

- ❑ Vous vous sentez souvent remis en cause personnellement quand on critique votre travail.
- ❑ Vous n'avez jamais voyagé tout seul à l'étranger.
- ❑ Vous avez choisi votre filière études, votre métier, pour faire plaisir à vos parents.
- ❑ Il vous est très difficile de vous débarrasser des bavards au téléphone.

Comment analyser vos résultats ?

Comptez le nombre de fois où vous avez répondu « oui » et reportez-vous au profil correspondant.

Moins de 11 « oui »
Vous êtes un peu trop rigide
Vous n'êtes pas du genre à dire « d'accord » quand vous ne l'êtes pas ou à vous laisser forcer la main. Mais ancré dans vos idées, vos choix, vos décisions, vous n'admettez pas facilement vous être trompé et vous avez du mal à changer d'avis (à passer d'un « non » à un « oui » par exemple) et à faire les concessions nécessaires. Du coup, vos rapports avec les autres, particulièrement avec vos supérieurs, sont souvent un peu tendus, à la limite parfois du blocage. Vous devez vous montrer plus souple : comprendre que votre obstination est un réflexe défensif (au fond, vous avez peur de rater), apprendre à contourner les obstacles (au lieu de les prendre de front), sentir quand c'est le moment de mettre de l'eau dans votre vin.

De 12 à 22 « oui »
Vous êtes ni trop dur ni trop mou
Capable de plier quand c'est nécessaire, vous n'abdiquez pas pour autant toute personnalité. Vous n'êtes pas perméable à

tout (le dernier qui a parlé n'a pas forcément raison), vous savez garder votre esprit critique. Vous avez vos propres idées, priorités, options, et vous êtes ouvert à la contradiction, mais quand vous n'êtes pas d'accord, vous le dites (plus ou moins gentiment). Bien sûr, vous perdez parfois du temps à argumenter, tenter de convaincre, concilier les points de vue. Parfois aussi vous faites plus de concessions que vous n'en avez envie. Mais, l'un dans l'autre, vous prenez toujours vos propres décisions (et vos responsabilités). Bref, vous êtes flexible, mais pas manipulable (en tout cas, pas souvent ou pas trop).

Plus de 22 « oui »
Vous êtes un peu trop manipulable
Vous dites oui à tout, même quand vous n'êtes pas d'accord ou n'avez pas envie. Forcément, les autres, surtout vos supérieurs, ont tendance à en profiter. Ils se servent de vous quand cela leur fait plaisir et ils vous oublient quand cela les arrange. Le cœur de votre problème : un terrible manque de confiance en vous, la peur de ne pas être aimé, apprécié. Dans un groupe, une équipe, vous avez vite tendance à vous laisser dominer. La plupart du temps, vous préférez laisser tomber (plutôt que d'avoir à affronter un conflit), vous résigner au lieu de vous affirmer. La première chose à faire, c'est d'apprendre à dire non. Pour y parvenir, chaque fois que vous pensez « il faut que je fasse ceci, cela... », inversez : « Faut-il vraiment que... » Vous verrez, cela change tout.

Partie II

Influencer les autres

Chapitre 11

Faites-vous bonne impression ?

Vous avez enfin décroché votre rendez-vous (avec une conquête, un patron, un client, un recruteur, un banquier...) : tout va se jouer en moins de trois minutes ! Quand on rencontre quelqu'un pour la première fois, on se fait une idée immédiate de la personne qu'on a en face de soi. Pour les anthropologues et les psys, cette immédiateté de la première impression est génétiquement programmée. C'est un réflexe de survie. Ami ou ennemi ? Durant des millénaires, être capable de faire la différence au premier coup d'œil a été une question de vie ou de mort. Aujourd'hui, même si le risque d'une première rencontre est nettement moindre, être jaugé par l'autre reste une affaire de secondes. De quoi est faite cette première impression ? D'un ensemble de signaux subliminaux. Look, attitudes, façons de parler... tout concourt à composer une image de vous qui s'imprime presque immédiatement sur le disque dur mental de votre ou vos interlocuteurs. Savez-vous faire bonne impression dès le premier coup d'œil ? Cochez chaque fois que vous vous reconnaissez dans les affirmations suivantes.

- ■ Vous portez souvent des chaussettes blanches. (Δ)
- o Vos vêtements sont toujours impeccables (propres, repassés, sans accroc...).
- ■ Vous mordillez souvent vos lunettes. (○)
- o Vous n'empiétez jamais sur le territoire de l'autre (un diamètre d'un mètre autour de lui).
- ■ Vous tutoyez très vite les gens. (❖)
- o Vous vous asseyez toujours à la gauche de votre interlocuteur pour parler à son « cœur » plutôt qu'à sa « raison ».
- ■ Vous mettez souvent une chemise deux jours de suite. (Δ)
- o Vous avez une poignée de main ferme (ni trop molle ni trop rapide, ou du bout des doigts).
- ■ Vous pianotez souvent (sur la table, l'accoudoir de votre fauteuil...). (○)
- o Quand vous demandez quelque chose à quelqu'un, vous ne manquez pas d'ajouter « vous êtes libre de... » ou « vous faites comme vous voulez », etc.
- ■ Vous parlez en regardant par terre ou en l'air, sans regarder la personne à laquelle vous vous adressez. (❖)
- o Vos chaussures sont toujours bien cirées.
- ■ Vous accrochez souvent vos clefs (votre mobile...) à la ceinture de votre pantalon. (Δ)
- o Vous veillez à garder un visage détendu (front, sourcil, bouche...) lorsque vous écoutez.
- ■ Vous vous balancez souvent d'avant en arrière sur votre chaise. (○)
- o Quand vous appelez quelqu'un au téléphone, vous demandez toujours si vous ne le dérangez pas.
- ■ Vous commencez toutes vos phrases par « je » ou par « moi, je ». (❖)
- o Vous souriez de temps en temps pour manifester votre intérêt et votre bienveillance.

■ Dès le début du printemps, vous portez des chemisettes bras nus. (Δ)
o Vos ongles sont toujours impeccables (ni rongés ni endeuillés...).
■ Vous vous énervez vite quand on n'est pas d'accord avec vous. (❍)
o « Bonjour monsieur », « Comment allez-vous ? », etc. Vous respectez toujours les rituels sociaux avant de commencer une conversation.
■ Vous terminez souvent les phrases des autres, leur coupez fréquemment la parole. (❖)
o Vous avez un signe distinctif récurrent comme BHL et ses chemises blanches à col ouvert ou Thierry Ardisson et ses tee-shirts noirs.
■ Vous aimez bien les cravates et les chaussettes avec des motifs rigolos. (Δ)
o Vous vous tenez toujours le dos bien droit.
■ Vous croisez et décroisez les jambes tout le temps. (❍)
o « Je sens... » ou « Je vois... » plutôt que « Je pense... » ou « Je crois... » : vous employez des mots concrets plutôt qu'abstraits.
■ Vous parlez beaucoup en agitant les mains dans tous les sens. (❖)
o Vous confirmez toujours vos rendez-vous la veille quand ils ont été fixés depuis plusieurs jours.
■ Quand vous croisez les jambes, on voit la peau nue au-dessus de vos chaussettes. (Δ)
o « Comme vous venez de le dire... », « En fait, si je t'ai bien compris... », etc. Vous reprenez souvent les propres mots de votre interlocuteur.
■ Vous n'éteignez pas votre mobile quand vous êtes en rendez-vous. (❍)
o Vous articulez distinctement quand vous parlez pour bien capter l'attention.

- ■ On vous demande souvent de répéter ce que vous avez dit. (❖)
- o Votre cravate tombe toujours pile sur la boucle de ceinture de votre pantalon.
- ■ Vos costumes sont en matière synthétique. (Δ)
- o Face à deux personnes, vous vous adressez en priorité à la plus importante, mais veillez à faire participer l'autre.
- ■ Vous ne pouvez pas vous empêcher de toucher votre visage ou de tripoter vos cheveux quand vous parlez. (❍)
- o Vous n'avez jamais les cheveux sales ou le poil hirsute.
- ■ Vous regardez fixement dans les yeux les personnes qui vous parlent. (❖)

Comment analyser vos résultats ?

Comptez le nombre de ronds et de carrés que vous avez obtenus ainsi que les différentes couleurs de vos carrés. Et reportez-vous au paragraphe correspondant.

Plus de ■ que de o
Vous partez avec un handicap
Aïe ! pas de doute, vous êtes pénalisé dès les premières secondes. Si en plus vous avez un physique un peu ingrat, une voix désagréable ou une allure qui ne plaît pas, vous partez d'entrée de jeu avec un grand handicap. Bien sûr, on ne peut pas plaire à tout le monde, mais vous pouvez faire un petit effort pour donner une meilleure impression. Est-ce votre look, votre attitude ou votre façon de parler qu'il faut corriger en premier ? Regardez où vous avez obtenu le plus de symboles identiques : Δ, c'est votre look ; ❍, votre attitude ; ❖, votre manière de parler. Et faites le nécessaire.

Comment gagner en impact ?

Gestes, jeux de physionomie, intonations, tics de langage, attitudes, façon de s'habiller... Copiez les manières de vos interlocuteurs ! Tous les travaux en psychologie sociale montrent qu'on préfère et qu'on aide plus ceux qui nous paraissent familiers. Par exemple, si vous faites tomber un dossier ou vos paquets, il y a plus de chance que quelqu'un vous aide à les ramasser s'il a la même apparence vestimentaire (même style, mêmes couleurs) que vous. Plus étonnant, vous pouvez obtenir trois fois plus de réponses favorables de quelqu'un qui porte le même prénom que vous.

Source : *100 petites expériences en psychologie du consommateur,* Nicolas Guéguen, Dunod.

Plus dc o quc dc ■
Vous faites de l'effet
Bravo ! Oh, bien sûr vous n'êtes pas parfait (sauf si vous avez zéro carré), mais a priori vous impressionnez favorablement les autres dès les premiers contacts, mais aussi dans le suivi des relations. Même si vous n'avez pas un physique et une voix à la Clooney, vous avez compris qu'une apparence soignée, une attitude ouverte, positive, une façon de parler agréable vous assurent d'être plus écouté et peuvent faire basculer, dans bien des cas, les décisions en votre faveur. Comment optimiser ? Regardez où vous avez péché (les carrés) et corrigez en conséquence.

Moins de trois points d'écart entre les o et les ■
Vous n'êtes pas sans atouts
C'est moyen, moyen. Cela peut passer avec les distraits (ils font moins attention), les brouillons (ils ne sont pas

mieux lotis que vous), les gens qui vous connaissent (ils sont plus sensibles à vos performances). Mais avec les regardants (particulièrement exigeants), les classiques (très pointilleux), les femmes (qui voient tout de suite le « détail qui tue »), vous risquez l'élimination d'office, ou d'être classé automatiquement dans la catégorie « plan B ». Comment rebooster votre image de marque ? Corrigez vos plus gros défauts (les carrés que vous avez cochés) et prenez de bonnes habitudes (les petits ronds).

Jouer la carte de l'authenticité

Regards, hochement de tête, signe de la main, haussement d'épaule... Tous ces gestes que nous effectuons sans même nous en rendre compte influencent peu ou prou nos relations. Ces messages non verbaux sont émis et perçus par les centres nerveux très archaïques de notre cerveau reptilien (qui contrôle les instincts). Par exemple, le hochement de tête d'avant en arrière, qui signifie « d'accord, je vous suis, je vous écoute... », est hérité des mouvements qu'effectue le lézard pour affirmer sa présence. Et on le retrouve parmi presque tous les peuples de la planète.

Nous sous-estimons tous l'impact du non verbal dans la communication parce qu'il est décrypté instinctivement. Pourtant, de l'avis de tous les spécialistes, il représente un peu plus de 70 % de la communication. Bien loin devant l'intonation de la voix (environ 20 %) et ce qui est dit et entendu effectivement, les mots et leur sens (environ 10 %).

Votre langage corporel peut ainsi appuyer vos propos ou à l'inverse les contredire. Contrôler le non verbal est illusoire. Bien sûr, vous pouvez maîtriser un minimum vos gestes, ne pas vous agiter dans tous les sens, mais la perception que les autres ont de vous se fait aussi à partir de signaux bien plus subtils, hors de votre volonté : variations infimes du diamètre des pupilles, de couleur de la peau, des odeurs corporelles, du rythme verbal, respiratoire, du regard...

En revanche, plus vous êtes en accord avec vous-même et sincère, plus vous aurez des chances de faire bonne impression.

Décodage express

Observer et comprendre les gestes de la personne en face de soi est aussi important que le contrôle de soi. Comment savoir si les gens sont intéressés par ce que vous dites ? Facile. Il y a des signes qui ne trompent pas.

- Ils vous regardent dans les yeux plus de 60 % du temps.
- Leur buste et leur tête sont légèrement penchés en avant.
- Ils hochent la tête (un mouvement inconscient) en signe d'acquiescement.
- Ils vous sourient souvent.
- Ils laissent leurs mains le plus souvent posées sur la table (signe de confiance).
- Leurs pieds sont dirigés vers vous (plutôt que repliés sous la chaise ou écartés).

En revanche, mauvais signe quand la personne évite votre regard, soupire, secoue la tête, regarde vers le bas, lève fréquemment les yeux au ciel, se penche en arrière... Vous pouvez prendre cela comme des signes de désaccord.

Chapitre 12

Jouez-vous assez (ou trop) de votre pouvoir de séduction ?

Dans un groupe, même à deux, même entre hommes, il s'établit toujours des rapports de séduction. La plupart du temps, on n'en a pas conscience, car ces jeux subtils d'influence relèvent plus de la personnalité que du statut ou du pouvoir réel de chacun. Bien sûr, quand on joue la séduction, on triche toujours un peu. On fait parfois son hypocrite, mais c'est tout de même mieux que de prendre les problèmes et les gens de front. Les rapports quotidiens sont plus fluides, plus agréables, notamment dans les périodes tendues. Et on obtient beaucoup plus (et plus durablement) avec une petite touche de charme qu'en essayant de passer en force, qu'en se montrant autoritaire, *cold fish.* La séduction, souvent, est un don (les femmes sont, en général, plus douées), mais on peut en faire un art. En jouez-vous assez, ou trop ? Cochez chaque fois que vous vous reconnaissez dans les affirmations suivantes.

- ❑ « Comment ça va ? », « Alors, la forme ? », « Ah, je suis heureux (désolé) de l'apprendre »... je n'entre jamais brutalement dans le vif du sujet.
- ❑ Je n'enfonce jamais les autres quand ils ont échoué, j'essaie au contraire de positiver.
- ❑ Attitudes, façon de s'habiller, de parler... je suis assez caméléon avec mes interlocuteurs, je me mets à leur niveau.
- ❑ Quand je dois dire non à quelqu'un, j'enrobe, j'explique et je me montre d'autant plus sympathique.
- ❑ J'encourage souvent les gens à parler de leurs propres problèmes.
- ❑ Je ne suis pas avare de compliments ; chaque fois que quelqu'un fait quelque chose de bien, je le lui dis.
- ❑ J'évite autant que possible les mouvements d'humeur, je fais plutôt preuve d'humour.
- ❑ Je demande souvent aux autres ce qu'ils ressentent (au lieu de ce qu'ils pensent).
- ❑ J'évite en général les demandes directes, je dis plutôt « nous » que « je ».
- ❑ Quand mon assistante est trop stressée, fatiguée, je m'en soucie et lui suggère (avec tact) de faire une pause.
- ❑ Je montre souvent aux autres que j'ai besoin d'eux, même si ce n'est pas vrai.
- ❑ Quand quelqu'un est particulièrement en forme, en beauté, je le remarque et je le lui dis (sans aucun sous-entendu).
- ❑ Je ne laisse pas pourrir la situation quand je devine un problème ; j'encourage les autres à en parler.
- ❑ Je n'ai pas la grosse tête, je ne passe pas mon temps à me vanter (performances, bonnes fortunes...).

- ❑ Je parais toujours sincère, même quand je suis de mauvaise foi. Je me tais quand je ne m'en sens pas capable.
- ❑ Je soigne mon look, la manière dont je suis perçu par les autres, je tiens compte des remarques.
- ❑ Je touche souvent les gens (une ou deux secondes sur l'avant-bras, la main, l'épaule, etc.) pour mieux faire passer le message.
- ❑ Je n'affirme pas les désaccords, j'essaie toujours de rapprocher les points de vue, de trouver un terrain d'entente.
- ❑ Je me soucie toujours de savoir si les autres sont disponibles avant de leur demander quelque chose.
- ❑ Je prends le temps de déjeuner de temps en temps avec mes collaborateurs ou de traîner le soir autour d'un verre pour entretenir de bons rapports.
- ❑ Quand j'ai de mauvaises pensées, je les garde pour moi, je ne dénigre pas les autres, surtout en public.
- ❑ Je me soucie toujours de savoir comment se sont passés le week-end, les vacances des autres.
- ❑ Je ne me défends jamais quand je suis coupable : ainsi, je profite toujours du bénéfice du doute.
- ❑ Quand j'ai des critiques à faire, j'essaie toujours d'être constructif, de polariser l'attention des autres sur les solutions.
- ❑ Je m'efforce toujours de concilier mes propres priorités avec celles des autres, même si cela doit me faire perdre du temps.
- ❑ Je suis en général plutôt souriant et bon public pour rire aux plaisanteries des autres.
- ❑ Je ne prends jamais parti dans les petits conflits internes (rivalités, jalousies professionnelles, guéguerre de « petits chefs »...).

- ❑ Je ne suis pas seulement aimable avec mon boss, mais aussi avec l'assistante, l'homme de ménage, les stagiaires ou les coursiers.
- ❑ Quand quelqu'un a un problème personnel, je trouve du temps pour essayer d'arranger les choses.
- ❑ Je laisse facilement croire aux autres que c'est moi qui pense comme eux, et pas eux qui pensent comme moi.
- ❑ Je mets en avant les autres quand ils font bien leur travail.
- ❑ J'ai un pense-bête pour me souvenir des fêtes, des anniversaires, de tout le monde.
- ❑ Quand je dois reprocher quelque chose à un collaborateur, je commence toujours par reconnaître ses bonnes intentions.
- ❑ Je m'excuse quand je dois donner un « sale boulot » (tâches ennuyeuses, peu valorisantes…) à quelqu'un.
- ❑ Je suis toujours à l'heure à mes rendez-vous, je ne fais jamais attendre les autres.
- ❑ Je montre (et je dis) aux personnes avec qui je travaille que je leur fais confiance.
- ❑ Quand je suis mécontent, je prends sur moi (au lieu de jouer au tyran ou au sale gosse qui casse l'ambiance).
- ❑ Je regarde les gens dans les yeux quand je leur parle (plutôt qu'en l'air ou à côté).
- ❑ Je ne dis pas à mon patron qui est fan de foot que c'est un jeu idiot ou à une collègue qui chante dans une chorale que c'est tarte.
- ❑ Quand je débarque pour la première fois quelque part, je suis attentif, je ne me mets pas en avant.

Comment analyser vos réponses ?

Comptez le nombre de cases que vous avez cochées, et reportez-vous au profil correspondant.

Moins de 18
Votre pouvoir de séduction ? En berne !
Est-ce un manque d'assurance, de confiance en vous ? Vous doutez un peu trop de votre pouvoir de séduction. De la timidité ? Vous n'osez pas. De l'introversion ? Vous n'avez pas le contact facile, vous n'êtes pas très spontané. En tout cas, vous jouez assez peu la corde sensible dans vos relations. Vous êtes un peu trop « sec ». Vous misez plus sur le devoir, les obligations, le sens des responsabilités des autres, leurs intérêts bien compris que sur l'affectif. Comment gagner en attractivité ? Faites plus confiance aux autres, soupçonnez-les du meilleur plutôt que du pire, partez d'a priori plus positifs. Et montrez-vous plus sympathique, plus « rond », plus « chaud » : on obtient toujours plus quand on est agréable, bienveillant, attentif aux autres.

De 18 à 28
Encore, un effort !
Bon, vous savez faire un coup de charme quand vous voulez obtenir quelque chose, par exemple que votre assistante sacrifie sa soirée ou qu'un fournisseur vous fasse une faveur. Mais le reste du temps, c'est à peine suffisant (surtout si vous êtes plus proche des 18 points). Vous avez trop tendance à vous montrer agréable, à faire attention aux autres, quand vous avez besoin d'eux. Au risque de passer pour quelqu'un d'intéressé, de très hypocrite, voire d'extrêmement manipulateur. Alors, arrondissez les angles. Ne partez pas du principe que les choses vous sont dues ou, même, tout bêtement, vont de soi. Montrez-vous un peu plus souriant et

charmant avec tout le monde, et pas seulement avec le haut de la hiérarchie ou par calcul.

Plus de 28
Vous en faites un peu trop !
Est-ce une haute dose de confiance en soi : vous ne doutez pas de votre effet sur les autres, vous vous croyez un peu tout permis ? Un caractère très extraverti : vous ne pouvez pas vous empêcher de toucher les autres, de plaisanter à tout propos, de vous montrer très familier ? Ou du narcissisme : vous avez besoin de plaire et de plaire sans cesse ? En tout cas, vous paraissez souvent trop sûr de votre séduction. Et c'est mauvais pour vos relations ou votre carrière ! Toutes les études réalisées montrent en effet que les personnes trop imbues d'elles-mêmes sont toujours assez mal vues de leur entourage, notamment professionnel. Alors, adoptez un profil plus bas, plus sérieux, plus crédible.

Les femmes psychopathes misent sur la séduction

Les femmes psychopathes utilisent plus la séduction et les comportements de flirt pour arriver à leurs fins, alors que les hommes psychopathes procèdent surtout par duperie. C'est ce qui ressort d'une recherche menée auprès de 80 femmes incarcérées dans des prisons québécoises par des psys du centre de recherche de l'institut Philippe-Pinel (Montréal). Selon Elham Forouzan, la psy responsable de l'étude, les comportements sont très différenciés selon le sexe. Par exemple, les garçons psychopathes ont des comportements violents pendant l'adolescence, alors que les filles présentent plutôt des comportements autodestructeurs et commettent plus de vols et de fraudes. Pour la chercheuse, la loquacité, le charme superficiel et la surestimation de soi seraient d'ailleurs des symptômes de psychopathie typiquement féminins.

Source : *Behavioral Sciences and the Law Journal*

Chapitre 13

Êtes-vous capable de dépasser vos préjugés ?

Les fonctionnaires sont tous des fainéants ; les créatifs, des tire-au-flanc ; les informaticiens, des crétins ; les Allemands, des bosseurs ; les Français, des glandeurs ; les Chinois des copieurs ; les... Dans l'entreprise comme dans la vie, les préjugés sont monnaie courante et ils ont la dent dure. « Il est plus facile de désintégrer un atome qu'un préjugé », disait Albert Einstein. C'est normal, humain, d'avoir des préjugés ; tout le monde ne pense pas de la même façon (heureusement), n'a pas les mêmes informations, la même expérience. C'est d'ailleurs indispensable d'en avoir : l'a priori est nécessaire pour apprendre (il faut se faire une première idée des choses pour avoir envie d'en savoir plus). La difficulté surgit quand, par conformisme social, esprit routinier, voire rigidité mentale, nos préjugés (favorables ou défavorables) deviennent des « vérités » gravées dans le marbre. Au lieu d'être ouvert, d'apprendre, on se met à juger les autres, les idées, les marchés, etc. en fonction d'opinions reçues. Et à appliquer des généralités qui pénalisent l'imagination, la créativité, l'innovation, comme les relations. Êtes-vous capable de remettre en question vos préjugés ? Cochez chaque fois que vous vous reconnaissez dans les affirmations suivantes.

- ❑ Vous ne vous êtes pas fait de nouveaux amis depuis plus de trois ans.
- ❑ Vous prenez des antibiotiques chaque fois que vous avez un rhume ou la grippe.
- ❑ Vous vous sentez souvent très fatigué le soir, même quand la journée n'a pas été particulièrement pénible.
- ❑ Vous préférez imaginer le pire pour ne pas avoir de mauvaise surprise.
- ❑ Vous préférez les chiens (aux chats, oiseaux, reptiles...).
- ❑ Dans votre travail, vous avez souvent tendance à prendre les critiques pour des reproches personnels.
- ❑ Vous trouvez que le statu quo est souvent préférable.
- ❑ Vous n'êtes pas très à l'aise quand vous connaissez peu ou pas du tout les gens.
- ❑ Vous êtes plutôt rancunier.
- ❑ Vous vous dites souvent que personne ne vous comprend vraiment.
- ❑ Vous changez rarement d'avis sur les autres.
- ❑ Vous avez passé toute votre enfance dans une petite ville.
- ❑ Vous avez tendance à ruminer les mauvaises nouvelles.
- ❑ Vous tentez toujours de vous justifier, même quand on vous critique sur des détails.
- ❑ Vous n'avez pas de difficulté avec l'autorité (vous respectez sans peine la hiérarchie, les procédures, les règles...).
- ❑ Vous détestez devoir travailler dans l'urgence.

- ❑ Vous vous sentez toujours un peu anxieux devant les changements (tâche nouvelle, restructuration, déménagement, etc.).
- ❑ Vieux documents, vieux agendas, matériel hors service..., vous avez du mal à jeter.
- ❑ Vous rachèterez la même voiture.
- ❑ Vos journées sont plutôt bien planifiées et très remplies.
- ❑ Vous n'allez jamais dans un restaurant que vous ne connaissez pas, dont vous n'avez pas entendu parler.
- ❑ Vous trouvez que la vie était bien plus agréable et facile dans le passé.
- ❑ Vous prenez toujours vos vacances aux mêmes endroits.
- ❑ Vous pensez qu'il faut avoir au moins deux chances sur trois de réussir pour se décider à prendre un risque.
- ❑ Vous ne pouvez vous empêcher de voir vos collègues comme autant de rivaux potentiels.
- ❑ Vous vous inquiétez souvent pour votre santé ou celle de vos proches.
- ❑ Un rendez-vous important qui se décommande peut vous gâcher la journée.
- ❑ Vous jetez assez facilement la pierre aux autres quand ils commettent une faute ou une erreur.
- ❑ Vous étiez enfant unique.
- ❑ Vous avez souvent du mal à tenir les délais.
- ❑ Vous somatisez (migraines, douleurs musculaires, maux de ventre, de dos...) quand vous êtes trop stressé.
- ❑ Quand vous vous trompez (sur quelqu'un ou quelque chose), vous vous en voulez longtemps.
- ❑ Vous ne sentez pas très à l'aise dans les pays étrangers.
- ❑ Vous cherchez plutôt à bien faire (vous êtes assez perfectionniste dans votre travail).
- ❑ Vous pensez qu'il faut toujours respecter les règles.
- ❑ Les cadeaux ont souvent tendance à vous décevoir.

- ❑ Vous refaites souvent le travail que vous avez confié à d'autres.
- ❑ Vous arrivez souvent en avance à vos rendez-vous.
- ❑ Vous avez du mal à vous séparer des gens, même quand vous pensez qu'ils vous font du tort.
- ❑ Vous trouvez souvent que les autres vous en demandent trop.

Comment analyser vos résultats ?

Comptez le nombre de cases que vous avez cochées et reportez-vous au profil correspondant.

Moins de 15 cases
Vous avez peu de parti pris
Est-ce de l'indifférence : au fond, peu intéressé par ce qui vous entoure, vous n'avez pas d'idées bien arrêtées ? Ou de la versatilité : très changeant d'humeurs, d'idées, vous êtes un instable, peu constant dans ses sympathies (vite séduit, vite déçu), ses opinions (vous êtes indécis), ses convictions (vous doutez beaucoup, parfois trop) ? En tout cas, vous n'êtes pas un adepte de la « pensée unique ». Vous n'avez pas de mal à admettre (et à supporter) que les autres puissent penser ou agir d'une manière différente. Idées, méthodes, comportements... En cas de désaccord, vous êtes capable de mettre vos préjugés en veilleuse pour faire le pas vers l'autre qui ouvre le dialogue (quitte à faire des concessions et à accepter des compromis), de revoir votre copie pour vous adapter en fonction des circonstances et optimiser vos actions.

Cafteur un jour, de droite toujours

C'est ce que montre une étude réalisée par John Block, professeur de sociologie à Berkeley, qui a suivi sur plusieurs décennies l'évolution de plus d'une centaine d'élèves de maternelle. Résultat : les gnangnans d'hier, timorés et rapporteurs, sont généralement devenus des adultes conservateurs, très attachés aux rôles traditionnels de l'homme et de la femme. En revanche, la plupart des enfants débrouillards, confiants et autonomes étudiés par l'équipe ont grossi les rangs de la gauche libérale.

Source : *The Journal of Research into Personality.*

De 15 à 25 cases

Vous êtes plutôt *open mind*

Est-ce une disposition (agréable) de votre caractère : vous avez confiance en vous, vous n'avez pas peur de l'autre (c'est souvent la cause des idées toutes faites) ? Ou le fait d'avoir reçu une éducation libérale (ouverte, tolérante) ? Peu importe ! Vous n'êtes pas très lié par vos préjugés. Bien sûr, vous en avez comme tout le monde, mais vous ne vous attendez pas à ce que les gens ou les choses entrent systématiquement dans votre moule. Et vous supportez assez bien quand ils ne se plient pas à vos goûts et couleurs (pourtant très éclectiques) même si cela vous contrarie. Vous avez des idées, des convictions fortes (vous n'êtes pas une girouette), mais vous ne vous braquez pas quand il faut (pour avancer, résoudre les problèmes) s'affranchir des cadres établis, des routines intellectuelles ou procédurales, voire aller à contre-courant des idées reçues.

Sexistes, les préjugés ?

Sûrement, si l'on en croit une étude réalisée par Julie E. Phelan, Corinne A. Moss-Racusin et Laurie A. Rudman de l'University Rutgers. En décryptant les entrevues de candidats à un emploi de gestionnaire d'un laboratoire informatique, elles ont montré que les femmes sont doublement désavantagées quand elles postulent pour un poste à responsabilités. Pour être perçues comme suffisamment qualifiées, elles doivent se présenter comme confiantes et ambitieuses. Mais si elles font cela, elles se conduisent d'une façon qui ne correspond pas au stéréotype féminin (qui les définit comme modestes et coopératives), ce qui entraîne une discrimination dans la décision d'emploi. Dans les situations de performance où la confiance et l'ambition sont requises, les hommes ont ainsi systématiquement l'avantage : quand ils inspirent la compétence, ils inspirent aussi la sympathie.

Source : *Psychology of Women Quarterly*

Plus de 25 cases

Vous avez souvent des œillères

Est-ce de la paresse intellectuelle ou un manque d'expérience, de maturité ? En tout cas, vous avez tendance à être plutôt lié par vos préjugés (les bons comme les moins bons). Vous avez des convictions très fortes, des idées très arrêtées (sur les êtres, les situations, les événements...). Et c'est difficile de vous faire changer d'opinion ; vous êtes peu ouvert à la contradiction. Ancré dans vos principes (souvent très conservateurs), vos jugements (vous ne revenez jamais dessus), vous perdez en efficacité quand vous devez vous adapter (dans l'urgence), improviser (face à l'imprévu). Comment gagner en souplesse ? En jouant systématiquement votre propre avocat du diable ! Chaque fois que vous êtes convaincu d'une chose, explorez mentalement l'hypothèse contraire.

CHAPITRE 14

SAVEZ-VOUS VRAIMENT ÉCOUTER ?

Nous croyons tous savoir écouter, pourtant de nombreuses études ont démontré que la plupart n'entendent que 25 % de ce qu'on leur dit. L'accélération des échanges, la surcharge en informations (par exemple, nous sommes bombardés en moyenne de 700 à 800 messages publicitaires par jour), une certaine culture « zapping », mais aussi la moindre durée du sommeil ou l'accroissement du stress font que nous sommes de plus en plus inattentifs. Avec, pour résultat, de nombreux « malentendus » quotidiens qui pénalisent l'efficacité (et sont souvent coûteux en termes d'entreprise) comme les relations (la plupart des petits et des grands conflits sont dus à un manque d'écoute). Êtes-vous une « bonne oreille » ? Comment le devenir ? Cochez chaque fois que vous vous reconnaissez dans les affirmations suivantes.

- ❑ Vous êtes très sensible au qu'en-dira-t-on.
- ❑ Vous vous sentez mal à l'aise quand un ange passe dans la conversation.

- ❑ Vous avez le trac quand vous devez parler en public.
- ❑ Vous n'êtes pas très doué pour les langues étrangères.
- ❑ Quand vous devez faire une prise de sang, ou effectuer une visite chez le dentiste, vous y allez toujours à reculons.
- ❑ Quand vous êtes au restaurant, vous ne pouvez pas vous empêcher d'entendre ce qui se dit aux tables d'à côté.
- ❑ Vous avez du mal à tenir en place (vous avez la bougeotte, votre pied bat la mesure, vous pianotez...).
- ❑ Vous commencez souvent une conversation sans vous rendre compte que votre interlocuteur est déjà occupé (au téléphone, etc.).
- ❑ Vous n'avez pas assez de temps pour tout faire ; vous êtes toujours en train de courir.
- ❑ On vous a souvent reproché d'avoir « la tête ailleurs ».
- ❑ Vous vous trompez souvent sur les gens.
- ❑ Quand vous n'obtenez pas quelque chose rapidement, vous avez tendance à renoncer.
- ❑ Vous avez tendance à vous « fermer » quand on vous fait un reproche.
- ❑ Au lycée, vous aviez de meilleures notes en géographie qu'en histoire.
- ❑ Il vous arrive souvent de vous réveiller avec la migraine.
- ❑ Vous vous cognez souvent, vous êtes maladroit avec les objets, etc.
- ❑ Vous avez du mal à dire « non » à vos supérieurs.
- ❑ Il ne vous jamais arrivé de voir se réaliser un rêve que vous avez fait en dormant.
- ❑ Vous ne pleurez jamais (ou presque).
- ❑ Vous vous sentez souvent fatigué sans trop savoir pourquoi.
- ❑ Vous vous énervez rapidement dans les embouteillages.
- ❑ Vous ne croyez pas à la transmission de pensée.

- ❑ Vous vous souvenez plus facilement des visages que des noms.
- ❑ Vous ne vous disputez jamais avec personne.
- ❑ Vous êtes mal à l'aise quand on se moque gentiment de vous.
- ❑ Vous êtes enfant unique.
- ❑ Vous trouvez qu'il est plus rapide de faire les choses que de les expliquer.
- ❑ Vous avez déjà eu des crises de tétanie.
- ❑ Vous vous créez facilement des habitudes.
- ❑ Il vous arrive assez souvent de vous disputer avec quelqu'un pour de petites choses sans importance.
- ❑ Vous n'aimez pas être dérangé dans votre travail.
- ❑ Vous êtes mal à l'aise quand on vous pose des questions sur votre vie privée.
- ❑ Vous n'aimez pas trop prendre l'avion.
- ❑ Au bureau, vous trouvez souvent que les autres vous en demandent trop.
- ❑ Vous trouvez que les personnes gentilles sont la plupart du temps ennuyeuses ou sans intérêt.
- ❑ Les bruits soudains (sonnerie du téléphone, coup de sonnette, porte qui claque…) vous font presque toujours sursauter.
- ❑ Vous vous énervez quand les gens tournent autour du pot.
- ❑ Vous êtes plus efficace dans un bureau fermé qu'en open space.
- ❑ Vous arrivez souvent en retard à vos rendez-vous (même quand vous partez à l'avance).
- ❑ Vous doutez souvent (au moins une fois par semaine) de la fidélité de vos collaborateurs.

Comment analyser vos résultats ?

Comptez le nombre de fois où vous avez répondu « oui » et reportez-vous au profil correspondant.

Moins de 11 « oui »
Votre capacité d'écoute : élevée
Aucun doute, vous savez écouter. Vous avez bien conscience qu'en matière de communication, le premier objectif est d'abord de comprendre, et non d'être compris. Vous êtes capable d'y consacrer du temps, même quand, a priori, le sujet ne vous paraît pas vraiment passionnant ou capital pour le bon déroulement des opérations.

Comment écouter encore mieux ?
En luttant contre la distraction. Techniquement, notre esprit a spontanément tendance à dériver, car nous écoutons de trois à dix fois plus rapidement que nous ne parlons. Pour rester attentif et concentré, vous devez sans cesse vous poser des questions sur ce que vous entendez. Par exemple : quels sont les points clés, quelles sont les incidences de ces informations dans mon travail, qu'attend l'autre de moi, que dois-je lui demander… ?

De 12 à 20 « oui »
Votre capacité d'écoute : moyenne
A priori, vous avez plutôt une bonne écoute, mais pas tout le temps ou systématiquement. Au lieu d'écouter ce qui est dit, vous avez souvent tendance à évaluer ce que l'autre personne dit et à couper court (vous n'écoutez plus que d'une oreille) quand le discours ne vous semble pas intéressant ou capital.

Comment écouter des deux oreilles ?

En mettant vos émotions et vos préjugés de côté. Une conversation qui vous semble inintéressante, une information qui vous paraît anodine peuvent receler un vrai message. Focalisez-vous sur le fond (« Pourquoi il/elle me dit ça, que veut-il/elle dire... ? »). Et posez des questions en cas de doute pour être sûr d'avoir bien compris les vrais enjeux et intentions de vos interlocuteurs.

Plus de 20 « oui »
Votre capacité d'écoute : basse

Est-ce un manque d'intérêt (vous n'êtes pas très sensible aux autres) ou un manque d'attention (vous avez du mal à rester concentré plus de cinq minutes d'affilée) ? En tout cas, votre capacité d'écoute est plutôt limitée. Vous captez et vous enregistrez mal, et c'est souvent préjudiciable dans votre travail.

Comment être plus à l'écoute ?

En arrêtant immédiatement tout ce que vous êtes en train de faire (travailler, rêvasser, pianoter fébrilement...) dès que quelqu'un vous adresse la parole (ou parle en réunion, fait une présentation, etc.). On ne peut pas écouter vraiment en faisant autre chose en même temps. Le bon truc : tournez votre corps vers votre interlocuteur. Quand on fait l'effort conscient de se mettre physiquement en position d'écoute, l'esprit et l'attention suivent automatiquement.

Le dialogue des sourds

Quand on sait écouter, on ne se sent pas obligé de parler, mais on n'a pas non plus peur de s'exprimer ; on ne « brille » pas forcément (on n'a rien à prouver), on n'a pas peur d'être pénalisé si on dit une banalité. En revanche, les « non-écoutants » se repèrent facilement.

Celui qui sait tout
Il compense son sentiment d'infériorité en faisant étalage de ses connaissances réelles ou imaginaires. Il ne s'intéresse pas à ce que les autres racontent ou alors il montre peu d'enthousiasme. Il utilise souvent des mots savants d'un ton condescendant. Il passe souvent pour quelqu'un de distant, d'insensible (il se voit comme le détenteur de l'objectivité ou de la vérité).

Celui qui est distrait
Il n'écoute pas vraiment, termine les phrases de ceux qui parlent, les interrompt continuellement. Il répond souvent à côté de la question, fait des déclarations inopportunes, « entretient » plusieurs conversations à la fois, fait le clown (pour lutter contre sa dépression ou refouler son agressivité). Il passe souvent pour quelqu'un de farfelu, puéril, incapable de fixer son attention.

Celui qui parle pour ne rien dire
Il parle pour retenir l'attention, pour éviter qu'on s'aperçoive qu'il n'a rien à dire d'intéressant, ou qu'il est confus (sa pensée comme ses propos ne sont pas clairs). Il se répète d'ailleurs beaucoup. Il n'arrête pas de relancer la conversation (gagné par le stress de la performance, il croit qu'on le juge comme au bac).

Celui qui parle tout seul
Il parle sans arrêt, fait les questions et les réponses, rit de ses propres plaisanteries pendant qu'il les raconte (avant même de finir ses phrases).

Les extravertis plus fatigués que fatigants !

Ils n'arrêtent pas de gesticuler, ils parlent fort, tout le temps, ils nous soûlent... Est-ce pour attirer l'attention, pour qu'on s'occupe d'eux ? Pas du tout ! Si les extravertis parlent beaucoup, c'est en fait pour se tenir éveillés selon une étude réalisée par des psychologues de l'université de Mannheim (Allemagne). En principe, lorsqu'on est assis sans rien faire, le cerveau est dans un état de vigilance modéré, ni endormi ni très attentif : l'état idéal par exemple pour prendre des notes en écoutant quelqu'un parler. Mais les chercheurs ont montré qu'il n'en va de même pour les extravertis : quand on leur parle et qu'ils doivent écouter sans rien dire (comme lors d'un dîner), ils ont tendance à s'endormir. Des électrodes posées sur leur crâne ont révélé qu'un signal électrique nommé « bande alpha 2 » (qui reflète l'état de vigilance globale du cerveau) était nettement plus réduit que chez les introvertis. S'agiter, parler de plus en plus fort, leur permet en fait de lutter contre le sommeil.

Source : *Cerveau et psycho.*

Celui qui ramène tout à lui
Il dit tout le temps « je », « moi, je » ; il cherche à susciter l'admiration pour masquer son manque de confiance en lui et provoque souvent le résultat contraire.

Celui qui esquive
Il fait semblant de ne pas comprendre, s'excuse tout le temps, joue les distraits, les étourdis. Ou alors il est d'accord avec tout, se défend mollement, s'efforce d'aplanir les différences. Ou encore il fait la « tronche » (il prend le masque de la sévérité ou de l'ennui pour cacher sa timidité).

Il passe souvent pour faible, réservé, incohérent (alors qu'il se croit supérieur).

Celui qui malmène

Il n'est jamais d'accord, il accuse, il juge, il condamne. Ou alors il se moque des autres (présents et absents), se plaint (rien n'est jamais assez bien), agresse. C'est un ancien naïf qui se rattrape, il fait le dur par identification à ses anciens « bourreaux », bizute les nouveaux naïfs). Il peut passer pour quelqu'un de fort, tyrannique (en fait il se sent insignifiant).

Chapitre 15

Savez-vous inspirer confiance ?

Fondamentale, la confiance est la base de toutes les interactions humaines ; sans elle rien ne se fait. Des scientifiques italiens ont même montré que les personnes qui ont des difficultés à établir des relations de confiance avec les autres, ont un système immunitaire plus fragile et sont plus susceptibles de tomber malades. Pour se faire aimer comme pour obtenir un emploi, une promotion, un client, un contrat, manager boîte, une équipe, il faut inspirer confiance. Certains sont plus doués que d'autres pour y parvenir. Cela tient à des caractéristiques physiques : de nombreux travaux ont montré, par exemple, qu'une grande taille, un visage symétrique, une voix grave sont toujours des avantages supplémentaires. Mais aussi à des attitudes : de nombreuses études ont aussi prouvé qu'une personne qui sourit, qui a des gestes assurés, ouverts, qui regarde « droit dans les yeux » et s'exprime directement (sans hésitation, ni sous-entendu…) est toujours perçue comme plus crédible et plus compétente. Avez-vous peu ou prou les qualités pour inspirer confiance ? Voici une série d'affirmations différentes, cochez chaque fois que vous êtes d'accord.

- ❑ Vous relativisez les échecs des autres (au lieu d'enfoncer le clou).
- ❑ Quand quelqu'un est injustement attaqué, vous prenez sa défense.
- ❑ Vous n'avez pas la grosse tête.
- ❑ En cas de désaccord, vous cherchez toujours à rapprocher les points de vue, à trouver un consensus.
- ❑ Vous dites plus souvent « nous » que « je ».
- ❑ Quand vous rencontrez quelqu'un pour la première fois, vous mettez en avant vos points communs.
- ❑ Vous donnez des directives, pas des ordres.
- ❑ Vous encouragez vos collaborateurs à exprimer leurs différences et vous tenez compte de leurs opinions.
- ❑ Vous ne cherchez pas à jouer au plus malin : vos comportements sont facilement identifiables.
- ❑ Vous n'interrompez jamais (sauf urgence) une conversation.
- ❑ On vous a parfois reproché un excès de franchise.
- ❑ Quand quelqu'un réussit un joli coup, vous le félicitez devant tout le monde.
- ❑ Vous parlez souvent avec les autres de sujets qui les intéressent.
- ❑ Vous n'essayez pas vous dérober en cas de corvée, vous faites votre part.
- ❑ Quand votre patron vous confie une mission sur un projet délicat, vous le tenez régulièrement informé.
- ❑ Vous ne dites jamais, ou presque, du mal de personne.
- ❑ Quand vous avez un problème avec quelqu'un, vous le réglez en adulte sans faire intervenir un supérieur (votre boss ou le sien).

- ❑ Vous tenez toujours vos promesses, même si cela doit vous en coûter.
- ❑ Vous préférez une petite injustice à un grand conflit.
- ❑ Vous vous tenez toujours à l'écart des petites intrigues de bureau.
- ❑ Vous n'avez pas de problèmes de peau (eczéma, psoriasis, herpès, pellicules, etc.).
- ❑ Vous vous montrez a priori bienveillant : vous coopérez aussi longtemps que l'autre le fait.
- ❑ Les autres ont tendance à se confier facilement à vous.
- ❑ Vous vous attendez généralement à ce que les choses tournent plutôt bien.
- ❑ Quand vous faites une erreur, vous n'attendez pas que votre chef le découvre, vous le lui dites.
- ❑ Vous êtes toujours à l'heure à vos rendez-vous, sauf incident exceptionnel.
- ❑ En réunion, vous n'intervenez que si vous avez vraiment quelque chose à dire.
- ❑ Vous regardez les gens dans les yeux quand vous leur parlez.
- ❑ Quand vous devez vous absenter (séminaires, voyages, formation, vacances), vous prévenez votre patron longtemps à l'avance et vous confirmez deux jours avant.
- ❑ Vous êtes souvent de bonne humeur, plutôt souriant.
- ❑ Vous respectez le point de vue des autres (même quand vous le trouvez idiot).
- ❑ Vous avez un sérieux coup de fourchette.
- ❑ On n'a pas besoin d'être sur votre dos pour que les choses soient bien faites.
- ❑ Vous faites confiance aux autres (jusqu'à preuve du contraire).
- ❑ Vous aimez bien voyager (découvrir des pays lointains, d'autres gens, d'autres mœurs).

- ❑ Vous êtes plus « rond » que maigre.
- ❑ En cas de succès d'équipe, vous veillez à mettre l'accent sur la contribution de chacun.
- ❑ Vous ne trichez jamais sur les délais.
- ❑ Vous avez déjà obtenu beaucoup de choses sur votre bonne mine.
- ❑ Quand vous êtes déjà surchargé, vous n'hésitez pas à dire non à votre patron (en lui expliquant pourquoi).

Comment analyser vos résultats ?

Comptez le nombre de cases cochées et reportez-vous au profil correspondant.

Moins de 16 cases
Est-ce un manque d'assurance : vous n'êtes pas très à l'aise socialement, particulièrement quand vous connaissez peu ou mal les gens, ou dans les situations potentiellement conflictuelles ? Ou, au contraire, un excès d'arrogance : vous avez tendance à vous imposer, à faire preuve d'autoritarisme ? En tout cas, la confiance est lente à se mettre en place avec vous. Comment changer ? En vous mettant un peu plus en avant : on sait, par exemple, que le fait d'occuper une position centrale dans un groupe augmente nettement l'attention et la confiance qu'on nous porte. Ou bien un peu plus en retrait : G. William Farthing, un psychologue américain de l'université du Maine, a étudié l'influence du style de vie sur les chances de conquêtes féminines. Résultat : les jeunes gens qui prennent des risques pour s'attirer les bonnes grâces féminines font plutôt un flop.

Confiance d'homme, confiance de femme

Les femmes et les hommes n'accordent pas leur confiance de la même façon. C'est ce qui ressort de l'étude effectuée par une chercheuse américaine, Marilynn Brewer (États-Unis). « Les femmes ont tendance à faire confiance aux étrangers qui seraient connectés à leur réseau de connaissances », explique Marilynn Brewer, professeur de psychologie à l'université de l'État de l'Ohio. Quant aux hommes, « ils accordent leur confiance plus sur la base de symboles que sur la base des relations interpersonnelles ».

Source : *Group Processes & Intergroup Relations.*

De 16 à 29
Vous savez créer la confiance, être très persuasif pour obtenir ce que vous voulez. Vous avez conscience des attentes, vous savez en jouer. Mais vous avez parfois aussi tendance à en faire un peu trop, à survendre. Et vous passez parfois pour quelqu'un d'un peu manipulateur. Comment corrigez cette tendance ? En étant un peu plus mimétique pour rassurer. Gestes, attitudes, façons de s'habiller, de parler… Tous les travaux en psychologie sociale montrent qu'on préfère et qu'on aide plus ceux qui nous paraissent familiers. Particulièrement, les hommes, qui, à la différence des femmes, « accordent plus leur confiance sur la base de symboles que sur la base des relations interpersonnelles » (voir encadré ci-dessus).

Plus de 30
Vous connaissez tous les trucs (sourire souvent, largement, regarder l'autre droit dans les yeux, le toucher, jouer les caméléons, dire « nous » au lieu de « moi, je », éviter les demandes directes…) pour montrer patte blanche. Vous

avez en général un bon feeling avec les autres. Vous savez vous mettre sur la même longueur d'onde, jouer la corde sensible, trouver facilement des terrains d'entente. Bref, pour le meilleur ou pour le pire, vous inspirez confiance. Comment être encore plus sécurisant ? En prévenant les réticences. Jouez votre propre avocat du diable : « Bien sûr, vous pourriez me reprocher que… », « C'est vrai, je ne suis pas une sainte… » Quand on anticipe les objections éventuelles (logiques ou émotionnelles) de quelqu'un, on les reconnaît comme légitimes et, automatiquement, on le rassure.

Souriez moins !

Une récente étude autrichienne montre en effet que le sourire de la femme expliquerait la plupart des problèmes de communication entre les deux sexes au quotidien, notamment le fait que les hommes surestiment l'intérêt des femmes à leur égard et deviennent facilement collants. Explication des psys : comme les femmes initient et contrôlent les rencontres avec le sexe opposé (une stratégie instinctive développée pour la survie de l'espèce), elles sont ainsi capables de sourire et de se montrer charmantes, même en face d'une personne ennuyeuse ou laide.

Source : *Evolution Human Behavior.*

Chapitre 16

Savez-vous faire preuve de tact ?

Le patron qui fait son ayatollah, le client qui fait son roi, le collègue un peu caractériel, les collaborateurs qui se la jouent star ou victime, le comptable qui fait semblant de ne rien comprendre, l'informaticien qui fait semblant de tout comprendre… Tous les jours, nous sommes confrontés (de plus en plus) aux petites et aux grandes susceptibilités des autres. Alors on reste sans mots ou on prend les autres à rebrousse-poil. Il en résulte plus de frictions, de stress, et la vie quotidienne devient franchement pénible. Faites preuve de tact, brossez les autres dans le bon sens du poil, désamorcez dans l'œuf les réactions négatives, et tout change : vous obtenez plus et mieux et, en prime, un meilleur climat de travail. En êtes-vous capable ? Voici une série d'affirmations différentes, cochez chaque fois celle qui vous semble le mieux correspondre à votre personnalité.

- ❑ Vous arrivez presque toujours en retard aux réunions.
- ❑ Vous avez renversé plus d'une fois (sans le faire exprès) votre tasse de café sur le bureau d'un autre.

- ❑ Vous avez du mal à cacher votre satisfaction chaque fois qu'un collaborateur se plante.
- ❑ Vous dites tout le temps « je », « moi, je ».
- ❑ Vous vous énervez très vite en cas de problème.
- ❑ Vous faites souvent en public des réflexions désobligeantes, voire humiliantes, sur le physique ou l'apparence des uns et des autres.
- ❑ Vous dites « je m'excuse » au lieu de « excusez-moi ».
- ❑ Vous vous vexez chaque fois que l'on vous fait une suggestion pour être plus efficace.
- ❑ Vous parlez à votre assistante seulement quand vous avez quelque chose à lui demander.
- ❑ Vous êtes souvent le premier à rire de vos propres plaisanteries.
- ❑ Vous prenez rarement le temps de boire un pot ou de partager un repas avec vos collaborateurs.
- ❑ Vous terminez souvent les phrases des autres, leur coupez fréquemment la parole.
- ❑ Quand votre assistante n'a pas l'air dans son assiette, vous le remarquez.
- ❑ Et vous lui demandez ce qui ne va pas, si vous pouvez faire quelque chose pour elle.
- ❑ Vous n'essayez jamais d'obtenir quelque chose par la menace, l'intimidation ou le chantage.
- ❑ Vous vous esquivez chaque fois qu'on vous demande un coup de main.
- ❑ Vous râlez souvent parce que les autres ne méritent pas ce qu'ils ont (bureau, voiture de fonction, assistante, avantages, etc.).
- ❑ Vous ergotez quand on vous demande de faire des choses que vous n'avez pas envie de faire.
- ❑ Vous faites souvent les questions et les réponses.
- ❑ Vous vous moquez souvent des autres (présents ou absents).

- ❑ Vous ne proposez jamais de rapporter un café, une salade ou un sandwich.
- ❑ Vous ne tenez jamais compte de l'emploi du temps des autres.
- ❑ On vous a souvent reproché d'être un peu trop donneur de leçon.
- ❑ Vous montez sur vos grands chevaux chaque fois qu'un subordonné soulève une objection.
- ❑ Vous vous plaignez souvent qu'on vous en demande trop.
- ❑ Vous êtes plutôt avare en compliments.
- ❑ Vous rappelez souvent aux autres leurs erreurs passées.
- ❑ Vous oubliez souvent de donner la copie d'un dossier à toutes les personnes concernées.
- ❑ On ne sait jamais où vous trouver.
- ❑ Vous n'accordez pas aux autres le droit à la mauvaise humeur.
- ❑ Dans un débat, vous cherchez toujours à avoir le dernier mot.
- ❑ Vous faites souvent irruption dans le bureau des autres sans y avoir été invité.
- ❑ En cas de refus d'un client, vous cherchez à l'avoir à l'usure.
- ❑ Vous ne connaissez pas les prénoms (au moins cinq) des enfants de vos proches collaborateurs.
- ❑ Dans une négociation, un conflit, vous pensez rarement à laisser à l'autre les moyens de sauver la face.
- ❑ Quand vous avez une mauvaise nouvelle à annoncer, vous préférez le faire au téléphone ou par mail (plutôt que face à face).
- ❑ Vous demandez toujours tout en urgence (même quand ce n'est pas du tout le cas).
- ❑ Vous vous excusez quand vous devez confier un travail pénible à un collaborateur.

- ❑ Quand vous avez quelque chose à dire à quelqu'un, vous allez le voir (au lieu de le convoquer).

Comment analyser vos résultats ?

Comptez le nombre de cases cochées et reportez-vous au profil correspondant.

Moins de 16 cases
Vous êtes un ange de délicatesse
Est-ce de l'intuition : spontanément, vous savez vous mettre à la place des autres et devinez ce qu'il convient de dire, de faire ou d'éviter en toutes circonstances ? Ou le résultat d'une éducation à l'ancienne : vous avez appris le respect d'autrui, les vertus de la délicatesse dans les relations humaines ? En tout cas, aujourd'hui, vous avez beaucoup d'aisance dans les rapports quotidiens. Vous êtes bienveillant a priori (mais vous savez riposter quand et comme il faut), soucieux des autres (de leurs besoins, leurs sentiments, leur confort, et pas seulement de leur rentabilité), et vous vous entendez à flatter les ego. Du coup, vos relations sont plutôt harmonieuses et vous les fluidifiez en cas de tensions interindividuelles : vous savez écouter, arbitrer, concilier les susceptibilités ou les intérêts différents.

Gentil comme une sardine

On connaissait les bienfaits des omégas-3 (qu'on trouve dans les poissons gras, notamment les sardines) sur l'humeur (moins de déprime, plus d'optimisme). Une recherche réalisée à l'école de médecine de l'université de Pittsburgh vient de montrer qu'ils rendent aussi plus altruiste. Les participants qui avaient les plus bas niveaux sanguins en oméga-3 étaient plus susceptibles d'être désagréables (plus méfiants, plus impulsifs et irritables). En revanche, ceux qui avaient des niveaux plus élevés d'omégas-3 se montraient nettement plus « bonne pâte ».

De 16 à 29

Vous manquez parfois de finesse

Sociable (vous savez dire « bonjour », « bonsoir », « s'il vous plait », « merci »...), attentionné (vous croyez aux vertus du dialogue, de la communication, vous n'oubliez pas de prendre des nouvelles du petit dernier...), vous savez la plupart du temps ce qu'il convient de dire, de faire, d'éviter.... Mais trop de stress, un collaborateur « agressif » ou un client « hostile »... vous manquez alors souvent de finesse, d'esprit d'à-propos : vous bloquez ou vous réagissez trop brutalement. Et cela peut créer des malentendus, des ressentiments, voire des conflits. Comment être un peu plus miel ? Partez du principe que nous avons tous des sensibilités différentes et que ce qui vaut pour l'un ne vaut pas forcément pour un autre. Vous devez vous montrer un peu plus psychologue pour adapter vos comportements à la personnalité de vos interlocuteurs.

Plus de 30

Vous êtes un rugueux !

Est-ce de la timidité, qui se cache derrière une certaine froideur ? De l'arrogance : au fond, vous avez toujours un peu peur de ne pas être à la hauteur ? Ou, simplement, de l'indifférence : vous n'êtes pas spontanément attentif aux autres ? En tout cas, vous n'êtes pas un ange de délicatesse dans vos rapports quotidiens, vous êtes un peu brutal même : vous blessez souvent les autres sans le faire exprès. Comment fluidifier vos rapports ? Partez du principe qu'on obtient toujours plus (d'efficacité, de résultats...) en étant bienveillant (et sympathique). Ne faites pas seulement attention aux autres quand vous avez besoin d'eux : montrez-vous plus attentif (à leurs besoins, sentiments, réactions possibles). Et réfléchissez avant de dire ou de faire : demandez-vous quel effet auront vos propos, vos actes.

Chapitre 17

Avez-vous le « gène » de la conviction ?

Savoir se vendre, vendre ses idées, mener une négociation, gérer un conflit ou, mission impossible, convaincre un plombier de venir changer un joint la veille de Noël... Tout est affaire de persuasion : il faut être capable d'amener quelqu'un à croire, penser, vouloir ou faire ce que l'on veut. Bien sûr, on peut l'apprendre : tel était le rôle des cours de rhétorique autrefois ou tel est parfois l'intérêt des trainings de vente aujourd'hui. Mais c'est d'abord une question de personnalité, il s'agit de ce « je ne sais quoi » qui fait les grands patrons, les grands politiques comme les grands escrocs. Il y a quelques années, Bell Labs, le centre de recherche de haute technologie de AT&T's, le géant des télécoms aux États-Unis, a fait tester ses grands cerveaux. Résultat : les meilleurs chercheurs n'étaient pas ceux dont le QI était le plus élevé ou les diplômes plus prestigieux. Les stars, au contraire, étaient ceux qui savaient remporter l'adhésion grâce à leurs qualités personnelles, particulièrement dans les moments de crise ou d'innovation. Quand ces chercheurs avaient besoin de quelque chose, rencontraient un problème et demandaient de l'aide, ils l'obtenaient immédiatement. En revanche, les autres devaient attendre, plusieurs jours, pour avoir une réponse. Ce test est spécialement conçu pour vous permettre d'évaluer votre profil « persuasif » et l'optimiser. Entourez chaque fois la réponse qui vous correspond le mieux.

	Sûrement pas	Pas tellement	Plutôt oui	Tout à fait
Vous n'aimez pas qu'on vous dise ce que vous devez faire.	c	d	b	a
Vous vous sentez mal à l'aise quand un ange passe dans la conversation.	d	a	b	c
Les questions sur votre vie privée, vos sentiments, vous embarrassent.	d	c	b	a
En général, vous faites trop confiance aux autres.	a	b	d	c
Quand vous devez parler en public, vous vous en tirez plutôt bien.	d	c	a	b
Vous vous montrez souvent d'accord avec votre chef même quand vous pensez qu'il a tort.	a	d	b	c

	Sûrement pas	Pas tellement	Plutôt oui	Tout à fait
Vous avez souvent le sentiment que les choses vous sont dues.	d	c	b	a
Les fortes personnalités vous donnent des complexes.	a	b	c	d
Vous pensez souvent que les autres n'« assurent » pas vraiment.	c	d	b	a
Vous êtes plutôt mal à l'aise dans les situations conflictuelles.	a	b	d	c
Quand vous avez pris une décision, vous n'aimez pas que les choses traînent.	d	c	b	a
Vous êtes plutôt sensible à ce que les autres pensent de vous.	a	d	b	c
Vous êtes très attaché à votre confort.	b	a	c	d
Vous supportez assez mal les critiques.	c	b	d	a
Quand quelque chose vous tient à cœur, vous avez souvent peur qu'on vous dise non.	a	b	c	d

	Sûrement pas	Pas tellement	Plutôt oui	Tout à fait
Dans votre métier, ce que vous préférez, ce sont les contacts.	d	a	b	c
Vous pensez plutôt du bien des gens qui vous entourent.	a	d	b	c
En général, vous ressentez assez bien ce qu'éprouvent ou pensent les autres.	d	a	b	c
Quand vous pensez à votre avenir, vous êtes plutôt optimiste.	d	c	b	a
Vous savez faire preuve de patience en cas de problème.	a	b	c	d

Comment analyser vos résultats ?

Comptez vos *a, b, c* et *d,* et reportez-vous au style correspondant (ou aux styles correspondants, si vous avez moins de deux points d'écart entre deux lettres).

Majorité de *a*
Votre style : directif
Avantages : vous avez confiance (un peu trop) en vous-même et vous savez prendre sur vous pour faire bonne figure (même quand vous n'êtes pas sur votre terrain). Vous croyez à votre succès. Vos objectifs sont précis, vos désirs, affirmés. Quand vous voulez quelque chose, vous le demandez directement,

vous vous exprimez sans détour et vous l'obtenez la plupart du temps.
Inconvénients : vous êtes très obstiné, assez impatient. Vous ne tenez pas assez compte de ce que pensent les autres, de leurs sentiments, de leur disponibilité ou de leurs possibilités.

Pour être plus convaincant
Exprimez vos besoins, vos désirs, vos demandes avec plus de délicatesse. Évitez de faire pression ou de lancer des ultimatums. Soyez plus souple, plus conciliant, plus à l'écoute du point de vue des autres. Laissez-leur le temps de s'adapter (à votre rythme, vos idées, vos méthodes...) et ne refusez pas les compromis (vous n'obtenez pas tout, mais pas rien non plus).

Majorité de *b*
Votre style : vendeur
Avantages : vous avez conscience des différences (idées, attitudes, priorités, méthodes...) des uns et des autres et, même quand elles ne vont pas dans votre sens, vous êtes capable de faire avec. Vous savez créer la confiance, jouer sur la corde sensible, voire être très manipulateur (par exemple en laissant croire aux autres que l'idée vient d'eux, qu'ils ont le choix) pour obtenir à peu près tout ce que vous voulez
Inconvénients : vous avez souvent tendance à en faire un peu trop, à finasser ou à survendre. Et vous vous embrouillez souvent dans vos explications et vos arguments (vous embrouillez en même temps les autres) en perdant de vue votre réel objectif.

Pour être plus convaincant
Parlez moins et faites plus parler les autres (et apprenez aussi à les écouter plus attentivement). Quand on parle trop, on révèle toujours des « points faibles ». Et comme la moitié de

ce qui se dit dans une conversation de cinq minutes est oublié dans les huit heures, 90 % dans les trois jours, vous omettez sans vous en rendre compte des informations qui peuvent être importantes. Soyez plus direct, faites « signer la commande ».

Comment savoir si quelqu'un nous ment ?

Convaincre les autres, c'est aussi être capable de déceler quand ils nous mentent. Le plus efficace : écouter sans regarder, car nos oreilles nous trompent moins que nos yeux. Bella DePaulo, une psychologue américaine, a compilé 120 études sur les signes corporels du mensonge. Sa conclusion : les menteurs se repèrent d'abord aux intonations de la voix.

Source : *Cerveau et psycho*

Majorité de *c*
Votre style : conciliant
Avantages : vous avez en général un bon feeling avec les autres. Vous êtes rarement indifférent à leurs problèmes, insensible à leurs besoins ou à leurs attentes et vous savez écouter, arbitrer, concilier les susceptibilités, les intérêts différents. Vous savez vous mettre sur la même longueur d'onde, jouer la corde sensible, trouver un terrain d'entente, faire des compromis satisfaisants pour toutes les parties.
Inconvénients : vous êtes un peu dépassé quand vous n'avez pas vos points de repère habituels (en cas de changement d'environnement, dans un milieu différent). Vous faites aussi trop confiance aux autres. Vous n'êtes pas assez ferme. Quand vous voulez quelque chose, souvent vous hésitez à demander ou vous changez d'avis parce que vous ne voulez pas créer de problème.

Pour être plus convaincant

Apprenez à vous affirmer. Vous avez vos idées, vos opinions, vos sentiments. Ce n'est pas en les gardant pour vous que vous serez mieux accepté ou que vous obtiendrez ce que vous voulez. Au contraire, plus vous serez vous-même, plus on vous respectera. Apprenez aussi à dire « non », quand vous n'êtes pas d'accord, n'avez pas envie, pas le temps, l'énergie, les moyens, etc. Et ne vous contentez pas de promesses en l'air. Revenez à la charge (avec délicatesse) jusqu'à ce que vous obteniez ce que vous voulez.

Majorité de *d*

Votre style : diplomate

Avantages : vous vous intégrez facilement (vous êtes quelqu'un de discret, qui ne s'impose pas). Plutôt tolérant, vous ne vous attendez pas à ce que les autres ou les choses entrent systématiquement dans votre moule. Vous êtes capable de vous montrer très patient (dans vos désirs, vos projets) et d'obtenir un résultat sans faire pression, sans brusquer ni les gens ni les événements.

Inconvénients : vous n'êtes pas très à l'aise socialement, particulièrement quand vous connaissez peu ou mal les gens, ou dans les situations potentiellement conflictuelles. Et vous avez tendance à renoncer trop vite quand les choses vous paraissent un peu compliquées ou que vous sentez des réticences. Vous ne croyez pas assez à votre succès. Vous demandez trop peu ou pas vraiment (du bout des lèvres, ou en noyant tellement le poisson que le message ne passe pas). Vous avez trop peur qu'on vous dise non.

Pour être plus convaincant

Pour vous, persuader, c'est comme de la manipulation, un très vilain défaut, presque une tromperie. Vous vous sentirez sans doute beaucoup moins coupable (et vous serez nettement plus efficace) en commençant toujours par traduire (dans votre tête) vos désirs et vos demandes en avantages pour l'autre (vous obtenez quelque chose, mais lui aussi).

Les femmes plus convaincantes que les hommes ?

Sûrement, si l'on en croit Robert Feldman, un psy de l'université du Massachusetts. Selon lui, les femmes ont beaucoup plus d'habiletés sociales que les hommes. La preuve : elles mentent bien mieux. Et ce, dès l'adolescence. L'étude qu'il a menée auprès d'élèves de 11 à 16 ans, montre en effet que si les bons élèves font de meilleurs menteurs, les filles remportent haut la palme dans cette matière dans toutes les classes d'âge. Explication du chercheur : un mensonge convaincant suppose de bonnes aptitudes sociales et de ce côté-là, les filles sont nettement mieux pourvues que leurs condisciples masculins.

Source : *News@nature.com*

---

5 techniques pour convaincre à coup sûr

Persuader son conjoint de faire un break (une semaine à Venise), son patron de vous augmenter (plus de 30 € par mois) ou un client de signer avec vous plutôt qu'avec un autre (moins cher)… Il y a deux manières de s'y prendre. Spontanément, ça marche parfois, en suivant l'inspiration du moment. Ou en mettant toutes les chances de son côté. Voici cinq truc bien connus des grands manipulateurs pour arriver à ses fins.

1/ « Comment ça va ? », « Alors, la forme ? », « Ah, je suis heureux (désolé) de l'apprendre »… Respectez toujours les rituels sociaux.

Un psy américain, Howard, a démontré que nos petites phrases rituelles auxquelles nous répondons tout aussi rituellement, loin d'être anodines, ont un effet. Elles engagent : quelqu'un qui répond qu'il se sent bien se sent obligé de se montrer « bien » et accepte plus volontiers de répondre favorablement à une requête. Demander à quelqu'un comment il se porte, avant de proposer quelque chose, multiplie les chances de réponse positive (25 % contre 10 %).

2/ Une négociation importante à mener, un challenge à remporter… Portez du rouge.

Après avoir comparé les résultats de quatre disciplines olympiques (boxe, taekwondo, lutte gréco-romaine et lutte libre) inscrites aux Jeux de 2004, une équipe de chercheurs de l'université de Durham (Grande-Bretagne) a démontré que les sportifs habillés en rouge gagnaient davantage (quatre fois plus) que les autres. Une autre recherche, menée pendant l'Euro 2004, donne les mêmes résultats.

3/ Non, vous ne voulez rien, vous ne réclamez rien, vous n'avez rien à vendre… Évitez les demandes directes.

Quand on veut obtenir quelque chose, il faut avant tout biaiser (c'est la technique dite « du pied dans la porte »). Deux psys de l'université de Bretagne-Sud, Guéguen et Fisher-Lokou, ont sollicité plus de 3 600 personnes dans la rue afin qu'elles donnent un peu d'argent : 43 % ont donné quand la demande était indirecte (on leur demandait d'abord l'heure), contre 28 % pour une demande directe. Mieux même, ils donnaient en moyenne davantage (0,37 € contre 0,28 €).

4/ « Comme vous venez de le dire... », « En fait, si je t'ai bien compris... » Répétez ce que dit votre interlocuteur en reprenant ses propres mots, ses propres sentiments.
Une équipe de psychologie sociale de la Radbout University Nijmegen (Hollande) a montré qu'on se montre plus généreux avec les personnes qui nous imitent (c'est ce que les psys appellent « l'effet caméléon »). Par exemple, dans un restaurant, les clients donnaient plus souvent un pourboire (8 % contre 52 %) et des pourboires plus importants (en moyenne, 3,18 couronnes contre 1,36) quand la serveuse qui prenait la commande répétait systématiquement ce que demandait le client au lieu de se contenter de dire « c'est noté » ou « j'ai bien compris ».

5/ Quand vous voulez quelque chose de quelqu'un, laissez-lui toujours la liberté de choix (au moins en apparence).
De nombreuses expériences ont montré que l'évocation de la liberté influençait favorablement les comportements. Quand on demande quelque chose à quelqu'un en lui disant « vous êtes libre de... » ou « vous faites comme vous voulez », « c'est vous qui voyez », etc., le taux de réussite est multiplié par trois.

Chapitre 18

Savez-vous faire travailler les autres à votre place ?

Travailler ensemble suppose une répartition des tâches en fonction des responsabilités, des compétences et des disponibilités. Mais nous avons tous plus ou moins tendance à « accumuler » inconsciemment. Un peu par orgueil : « Je suis fort, je n'ai besoin de personne, je m'en sors tout seul. » Beaucoup par conscience professionnelle : « C'est mon job, c'est à moi de le faire ! » Mais on ne peut être bon en tout, nous avons tous nos points faibles. Résultat : on perd parfois beaucoup de temps à réaliser certaines tâches soi-même, alors qu'en les confiant à d'autres, ce serait plus rapide et plus efficace. Et on pourrait se concentrer sur l'essentiel de son travail. D'où l'importance de savoir faire travailler les autres à sa place. Êtes-vous assez sioux pour vous « décharger » sur les autres ? Cochez chaque fois que vous vous reconnaissez dans les affirmations suivantes.

- ❑ Je suis conscient de l'importance du rôle que je joue, mais je ne me crois pas irremplaçable.
- ❑ Avant de faire quelque chose moi-même, je me demande toujours si ce n'est pas plus efficace de le faire exécuter par quelqu'un d'autre.
- ❑ Je pense que pour obtenir le meilleur des autres, il faut les « soupçonner » du meilleur.
- ❑ J'ai plutôt une bonne image de moi-même ; je suis conscient de mon effet sur les autres.
- ❑ Je suis très à l'aise pour parler avec les gens, même dans les situations difficiles.
- ❑ Quand je demande un service, je prends toujours des gants : « Voudrais-tu s'il te plaît… » ou « Je sais que tu es débordée, mais si tu pouvais… »
- ❑ Je n'attends jamais d'être débordé pour déléguer ou demander de l'aide.
- ❑ Quand j'ai besoin d'aide, j'en trouve facilement.
- ❑ Pour une tâche donnée, je choisis la personne la plus compétente (plutôt que la plus disponible).
- ❑ Quand j'ai un grand service à demander à quelqu'un, je commence toujours par lui en demander un petit.
- ❑ Je réfléchis (alternatives, solutions…) avant de demander ; je ne change pas d'avis, de direction, en cours de route.
- ❑ Quand je confie un travail à quelqu'un, je m'assure que tout est clair pour lui (objectif, résultats attendus, moyens affectés…).
- ❑ Je confirme par écrit (note, mémo, e-mail…) pour éviter les malentendus.
- ❑ Si je sens une réticence, je ne force pas, j'essaye de comprendre ce qui bloque, j'encourage l'autre à en parler.
- ❑ Quand je donne une tâche, je fixe toujours un délai.

- ❑ Quand je demande trois choses à la fois, je précise toujours l'ordre des priorités.
- ❑ Je fais confiance à mes collaborateurs jusqu'à preuve du contraire.
- ❑ Je m'adapte facilement à mes interlocuteurs ; je sais employer les mots qu'il faut avec chacun.
- ❑ Je ne pense pas qu'il existe une seule bonne façon de faire les choses.
- ❑ Quand quelqu'un commet une erreur, j'évite de le culpabiliser, je cherche avec lui des solutions.
- ❑ Je ne critique jamais le travail des autres en public.
- ❑ Avant de critiquer quelqu'un, j'attire toujours d'abord son attention sur un point positif.
- ❑ Je ne demande rien en urgence sauf nécessité absolue.
- ❑ Je pense a priori que les autres sont plutôt de bonne volonté.
- ❑ Quand je devine un problème, je ne laisse pas pourrir la situation, je le règle tout de suite.
- ❑ Je ne suis pas avare de compliment quand quelqu'un fait bien son travail.
- ❑ Je tiens toujours compte de l'agenda des autres, de leur charge de travail, avant de leur demander quelque chose.
- ❑ Quand je suis déçu par le travail de quelqu'un, je lui explique pourquoi et je cherche avec lui comment on peut y remédier.
- ❑ Je ne fixe jamais des objectifs impossibles aux autres sous prétexte de les motiver.
- ❑ Quand je confie une tâche à quelqu'un, je ne donne pas la même à quelqu'un d'autre.
- ❑ Je demande, mais je n'impose pas, je laisse toujours le choix à l'autre, qui est libre d'accepter ou pas.
- ❑ Quand je dois donner une tâche pénible à quelqu'un, je flatte son ego.

- ❑ Avant de donner quelque chose à faire à quelqu'un, je me demande toujours si ce n'est pas plus rapide de le faire moi-même.
- ❑ Je dis toujours merci quand on me rend un dossier, même si je ne suis pas tout à fait satisfait du résultat.
- ❑ J'exprime toujours ma satisfaction d'une manière positive : « Je suis content de ce que tu as fait », plutôt que « Tu t'en es pas mal sorti. »
- ❑ Quand j'ai confié une tâche à quelqu'un, je ne suis pas tout le temps sur son dos, mais je ne le laisse pas non plus complètement livré à lui-même.
- ❑ Je pratique le « sauf avis contraire » : « Si je ne te dis pas d'attendre, tu commences », « Si je ne te dis pas d'arrêter, tu continues »…
- ❑ J'encourage toujours les autres à s'exprimer (même quand je ne suis pas d'accord avec eux).
- ❑ Je suis plutôt de bonne humeur au bureau ; je prends sur moi quand les choses ne vont pas.
- ❑ Je ne suis pas inquiet quand je pars une semaine ou en vacances ; je sais qu'en mon absence le travail sera fait.

Comment analyser vos résultats ?

Comptez le nombre de cases que vous avez cochées, et reportez-vous au profil correspondant (ou aux profils correspondants si vous avez moins de trois points d'écart).

Moins de 18 cases cochées

Est-ce de la timidité : vous n'osez pas demander à quelqu'un de faire les choses à votre place ? Ou du perfectionnisme : vous pensez que c'est plus vite (et mieux) fait de tout réaliser vous-même ? De la méfiance : vous préférez tout contrôler ? En tout cas, vous n'êtes pas très doué pour libérer du temps. Comment corriger le tir ? Partez d'abord du principe que votre temps est précieux. Ensuite, faites une liste de ce qui vous semble être vos obligations dans ces trois prochains jours. Et remplacez les « Je dois faire ceci ou cela », « Il faut que je... », par « Je pourrais faire... », « Ce travail doit être fait... » Et demandez-vous qui, autour de vous, pourrait le faire mieux et plus vite.

De 18 à 28 cases

Vous êtes plutôt doué pour « déléguer », mais vous avez tendance à ne pas assez anticiper. Résultat : vous attendez souvent d'être débordé et pressé, vous ne trouvez pas la bonne personne (compétente et disponible) pour vous alléger. Comment libérer plus de temps ? Commencez par faire la liste de toutes les choses que vous avez faites ces trois derniers jours. Et posez-vous cette question : quelles sont celles qui n'auraient rien changé à ma vie si quelqu'un d'autre les avait faites à ma place ? Est-ce que ce n'aurait pas été plus simple, plus efficace de « confier » ? Ensuite, faites la liste de tout ce que vous avez à faire ces trois prochains jours. Et pointez tout ce dont vous pouvez vous débarrasser grâce aux autres.

Plus de 28 cases

Est-ce de l'ascendant sur les autres ? Un sens aigu de l'efficacité et de l'organisation ? En tout cas, vous êtes ultra-doué (surtout si vous êtes plus proche des 40 points que des 28) pour faire travailler les autres (subordonnés ou non) à votre place. Vous avez l'art de persuader : quand vous avez besoin d'aide, vous l'obtenez facilement, on n'ose rien, ou presque, vous refuser. Et la manière de motiver vos collaborateurs dans le sens voulu. Seul petit bémol : vous avez parfois tendance à vous décharger de ce qui ressort de votre seule responsabilité en faisant un peu trop confiance : c'est parfois risqué. Alors, assurez-vous de la bonne exécution des tâches confiées pour diminuer les risques de bavure.

Chapitre 19

Êtes-vous un harceleur qui s'ignore ?

Sommes-nous tous, ou presque, des harceleurs en puissance ? C'est bien possible. Bien sûr, dans les entreprises comme ailleurs, il y a toujours des petits sadiques qui se font une joie d'humilier les autres pour peu qu'ils en aient le pouvoir. Mais, en principe, c'est une toute petite minorité. Sauf que la contagion gagne ! Pour Dieter Zapf, psychologue du travail et spécialiste du *mobbing* (de *to mob*, « assaillir, agresser, tourmenter »...) à Francfort, le danger vient du fait que le plus souvent le harcèlement s'installe inconsciemment : « Les harceleurs n'ont aucune intention de se comporter de la sorte, et surtout il n'y a pas chez eux de volonté consciente. » Et la crise aggrave les choses. Pour l'association Harcèlement moral stop (HMS), « le harcèlement moral est désormais un outil des entreprises pour réduire leurs effectifs », bref le moyen de virer facilement en s'épargnant un plan social. Rebaptisé « harcèlement stratégique », le phénomène touche tous les secteurs et tous les salariés (même le management jusque-là plus épargné). Avec, pour conséquence, le risque pour chacun de se retrouver dans le camp des « bourreaux ». Cela pourrait-il vous arriver ? Choisissez, pour chaque situation, la réponse que vous jugez la plus appropriée.

Quand un collaborateur se plante…
a. Je l'enfonce systématiquement : « Vous n'avez jamais été très doué pour les choses compliquées ! »
b. Je relativise : « Ce n'est pas grave, ça arrive à tout le monde. » Et je positive : « Voyez le bon côté, maintenant vous allez pouvoir… »

Quand je suis furax contre mon assistante…
a. Je lui passe un savon illico presto, tant pis si c'est devant tout le monde.
b. J'attends de me sentir plus calme et je m'explique en tête à tête avec elle.

Quand je trouve une perle rare…
a. Je ne révèle pas aux autres ses compétences, ses mérites, afin de la garder pour moi tout seul, parce qu'elle fait très bien son travail.
b. Je la pousse à évoluer (formation, concours internes…), je fais sa promotion, la recommande à ma hiérarchie.

Quand j'ai quelqu'un dans le collimateur…
a. Je lui confie systématiquement des tâches exigeant des qualifications très supérieures à ses compétences, de manière à le discréditer.
b. Je mets de côté mes préjugés et je m'efforce de tirer le meilleur parti de ses compétences.

Quand je sais que quelqu'un va se faire bientôt licencier…

a. Je le fuis autant que possible, je refuse ses invitations à déjeuner, je l'ignore ostensiblement devant les autres.
b. Je ne change pas mon attitude habituelle vis-à-vis de lui.

Quand j'ai quelqu'un dans le nez…

a. Je me montre souvent très sarcastique : « Pour ton anniversaire, on t'offrira une greffe de cerveau ! »
b. Je préfère garder mes mauvaises pensées pour moi.

Quand je suis leader sur un projet…

a. J'appelle souvent les membres de l'équipe chez eux le soir ou le week-end sous prétexte de « faire le point ».
b. Je laisse chacun travailler en attendant la prochaine réunion.

Quand mon boss critique de manière injuste un collègue…

a. J'abonde plutôt dans son sens pour me faire bien voir, je profite même souvent de l'occasion pour enfoncer le clou.
b. Je prends sa défense, je loue ses mérites, ses compétences, au moins je lui trouve des excuses.

Quand quelqu'un me fait de l'ombre…

a. Je n'hésite pas à faire courir des rumeurs sur lui ou à lui donner de fausses informations pour le pousser à la faute.
b. Je reste fair-play, ce sont mes performances, mes résultats qui feront la différence.

Quand je remets en cause le travail d'un collaborateur…

a. J'ai tendance à devenir rapidement menaçant : « C'est votre dernière chance, mon vieux, la prochaine fois… »

b. J'essaie de faire la part des choses, je lui laisse la possibilité de s'exprimer, de se défendre.

Quand un collègue réussit un joli coup...
a. Je minimise systématiquement son succès : il a eu de la chance, en face il n'y avait pas de concurrence...
b. Je suis plutôt beau joueur, je le félicite devant tout le monde.

Quand j'apprends que quelqu'un s'est fait renvoyer...
a. Je me réjouis volontiers devant tout le monde : « Enfin, débarrassé de ce nul ! »
b. Je me dis que je pourrais bien être le prochain sur la liste.

Comment analyser vos résultats ?

Comptez le nombre de *a* et *b* que vous avez obtenus, puis reportez-vous au profil correspondant.

Moins de 4 *a*
Vous n'avez pas la fibre harceleuse
Pas de doute, vous avez une morale. Chez vous, rien de harceleur. D'un côté, vous êtes d'un naturel assez bienveillant. Vous préférez miser sur la coopération et la réciprocité plutôt que sur le chacun pour soi, chercher des compromis plutôt que des raisons de conflit. De l'autre, vous avez des principes. Pas question d'abuser de votre pouvoir ou de profiter des faiblesses des autres pour les enfoncer. Bref, vous jouez franc-jeu. Comme vous avez un comportement clairement identifiable, les autres savent à quoi s'en tenir et n'essaient pas (en tout cas, ils essaient moins) de jouer au plus malin.

De 4 à 6 *a*
Vous êtes un harceleur en puissance
A priori, vous n'avez pas de prédisposition particulière pour être sadique avec les autres. Vous vous voyez plutôt comme quelqu'un d'indulgent (plus par indifférence). Vous avez tendance la plupart du temps à laisser filer, à garder vos mauvaises pensées pour vous, quand tout va bien. Mais soumis à trop de pressions, de stress, en climat hostile, vous pourriez en profiter pour déverser votre fiel. C'est plus de l'ordre de la réaction épidermique, d'un mimétisme avec le groupe (le syndrome « hurler avec les loups »), qu'une volonté consciente de harcèlement. Mais bon, le résultat est le même : in fine, les plus faibles trinquent. Alors, méfiez-vous !

Plus de 6 *a*
Vous êtes un harceleur déclaré
Est-ce un naturel vindicatif : vous ne pouvez vous empêcher d'abuser de votre position dominante ? Ou alors, un manque de confiance en soi : vous compensez en agressant les plus faibles ? Ou encore, pire, une stratégie de crise ? En tout cas, vous avez facilement tendance à pourrir la vie des autres. Évidemment, vous avez tort : pour des raisons morales, mais aussi d'un point de vue pratique. Les stratégies malveillantes entraînent toujours des retours de bâton. Sur le moment, on peut être gagnant (l'autre cède), mais à terme on est toujours perdant.

Chapitre 20

Êtes-vous soumis à votre boss ?

Vous dites « oui » à tout, même quand vous êtes déjà surchargé de travail ? Vous paniquez quand il vous convoque dans son bureau ? Le peu de confiance que vous avez en vous s'effondre à la moindre critique, au plus petit reproche ? La plupart du temps, vous préférez laisser tomber, vous résigner au lieu de vous battre ? Tant pis pour l'augmentation ou la promo que vous attendiez. Tant pis si vous passez pour un brave garçon un peu poire, une fille tarte (les corvées, les plans foireux, c'est souvent pour votre pomme). Pas de doute, vous êtes soumis (un peu trop) à votre boss. À quoi ça tient ? Bien sûr, il y a des natures serpillières, mais on va partir de l'hypothèse que ce n'est pas votre cas. Que vous êtes capable de vous affirmer ! Jusqu'à quel point ? Choisissez chaque fois la réponse qui vous correspond le plus.

Mon boss me donne un surcroît de travail :

a. Je n'ose pas refuser, tant pis pour mon week-end.
b. Je refuse sous prétexte que ce n'est pas mon boulot.

c. Je lui explique que j'ai déjà beaucoup de choses à faire, et que si j'accepte, mon travail pourrait en souffrir.

Quand des tâches sont désagréables ou dévalorisantes :

a. C'est presque toujours moi qui m'y attelle.
b. Je me débrouille souvent pour y couper.
c. Je fais ma part, mais rien de plus.

Si mon patron tient des propos racistes ou antisémites :

a. Je fais celui qui n'a rien entendu.
b. Je manifeste violemment mon désaccord.
c. Je lui demande de garder ce genre de pensée pour lui.

Dans mon travail, je suis plus efficace quand :

a. On me dit très clairement ce que j'ai à faire.
b. J'ai complètement carte blanche.
c. Je peux moi-même organiser mon emploi du temps.

Une vie de couple est réussie quand :

a. On fait presque tout ensemble.
b. Chacun fait ce qu'il veut quand il veut.
c. Chacun a des activités et des plaisirs personnels.

Au bureau, je suis convaincu :

a. Qu'on me pardonne beaucoup.
b. Que je mérite beaucoup mieux.
c. Que je suis apprécié à ma juste valeur.

Ma mère m'appelle :

a. Plusieurs fois par jour.
b. Au moins une fois par jour.
c. C'est moi qui l'appelle de temps en temps.

Mon chef pique une colère, je suis sûr que :
- a. Je vais être viré.
- b. Il m'en voudra longtemps.
- c. Dans quelques heures, tout sera oublié.

Quand j'ai des ennuis avec quelqu'un dans mon travail :
- a. Je fais un peu de lèche pour arranger les choses.
- b. Je boude dans mon coin en attendant que l'autre vienne s'excuser.
- c. Je provoque une explication franche.

Mon patron fait sa tête des mauvais jours :
- a. Je pense qu'il m'en veut parce que j'ai dû faire quelque chose qui lui a déplu.
- b. Je lui en veux parce qu'il me pourrit la vie.
- c. Je me dis que sa femme l'a envoyé dormir sur le canapé du salon.

En général, avec les autres :
- a. Je me demande souvent ce qu'ils me trouvent d'intéressant.
- b. J'ai souvent l'impression qu'ils veulent m'arnaquer.
- c. Je me fiche un peu de ce qu'ils pensent de moi.

La dernière fois, j'ai changé de job parce que :
- a. J'ai été viré.
- b. Je suis parti en claquant la porte.
- c. J'avais trouvé mieux.

J'ai souvent le sentiment :
- a. De jouer de malchance.
- b. Qu'on m'en demande trop.
- d. D'être né sous une bonne étoile.

Le soir, au bureau :

a. Je pars toujours après mon chef (ou en même temps que lui).
b. Je file dès que je peux.
c. Je pars quand j'ai fini ce que j'ai à faire.

Quand mon boss critique mon travail :

a. J'ai tendance à m'effondrer.
b. Je peux devenir vite agressif.
c. Je n'en fais pas un problème personnel.

Comment analyser vos résultats ?

Comptez vos *a, b, c* et reportez-vous au profil correspondant (ou aux profils correspondants si vous avez moins de deux points d'écart entre deux valeurs).

Majorité de *a*
Vous êtes plutôt craintif
Vous avez besoin d'être encadré dans une équipe, d'avoir une fonction, des tâches bien définies. Préférant rester retrait, vous vous confinez trop souvent dans un rôle de simple exécutant. Vous manquez d'autonomie, d'initiative. Pas question de prendre des responsabilités en solo ou de sortir de vos attributions. Vous cherchez avant tout à éviter les problèmes, les reproches. Détestant les critiques et, encore plus, les conflits, vous avez tendance à vous soumettre, même quand vous avez raison.

Pour progresser…
On ne se fait pas aimer ou respecter en s'imposant les corvées ou en pleurnichant. Au contraire, vous vous dévalorisez. Vous devez reconstruire une image positive de vous-même. Alors,

commencez déjà à apprendre à dire « non ». Chaque fois que vous pensez « il faut que je fasse ceci, cela... », inversez : « Faut-il vraiment que... » Soyez plus exigeant aussi. Ne laissez pas passer chez votre boss des propos ou des comportements qui vous déprécient.

Majorité de *b*
Vous êtes plutôt rebelle
Foncièrement individualiste, vous avez du mal à vous intégrer dans une équipe, à vous plier aux rituels du groupe. Vous êtes plus ou moins rebelle à l'autorité, fâché avec les horaires. Vous avez un côté franc-tireur. Avec ses avantages : vous êtes capable de vous débrouiller tout seul et de faire des scores dans des conditions difficiles. Et ses inconvénients : vous déstabilisez souvent tout le monde parce que vous êtes imprévisible et que vous jouez souvent à la star.

Pour progresser...
Perdez cette habitude qui consiste à reporter le blâme sur les autres. À commencer par votre patron. Quand les choses ne se passent pas bien avec lui, vous êtes tous les deux responsables. Lui, il est ce qu'il est. Vous ne pouvez pas espérer le changer, mais vous pouvez changer, vous. L'énergie, le temps, que vous gaspillez en critiques, reproches et condamnation, vous pouvez mieux l'employer en vous demandant : « Qu'est-ce que je peux faire pour améliorer la situation ou nos relations ? »

Majorité de *c*
Vous êtes assez cool
Vous avez besoin qu'on définisse une règle du jeu, après vous êtes capable de gérer tout seul votre travail, sans qu'on soit tout le temps sur votre dos. Vous avez l'habitude de prendre des initiatives et des responsabilités, et une assez grande

confiance en vous pour assumer d'éventuelles critiques ou rebondir après une erreur. En cas de problème, vous savez faire des concessions ou vous soumettre quand vous ne pouvez pas faire autrement, mais vous ne vous sentez pas diminué pour autant.

Votre chef vous respecte

- Il vous montre qu'il a confiance en vous (sinon pourquoi vous avoir engagé) en vous confiant des tâches à la hauteur de vos compétences.
- Il vous donne les tenants et les aboutissants de votre travail, le pourquoi et l'objectif.
- Il ne vous donne jamais de tâches ennuyeuses sans les justifier.
- Il est présent quand il faut (éventuellement pour vous remonter les bretelles) sans pour autant être tout le temps sur votre dos.
- Il apprécie vos efforts et vous le fait savoir.
- Il vous félicite (devant tout le monde) quand vous faites bien et vous prend entre quatre yeux quand il a des reproches à vous faire.
- Il relativise (« Ce n'est pas grave, ça arrive à tout le monde »), il positive (« Voyez le bon côté, maintenant vous allez pouvoir... »), quand vous vous trompez.
- Il vous encourage à faire des choix ambitieux.
- Il trouve des solutions quand vous avez un problème personnel au lieu de se retrancher derrière les procédures de l'entreprise.

Pourquoi faut-il obéir ?

L'obéissance à une autorité (parent, patron, État, etc.) et l'intégration de l'individu au sein d'une hiérarchie (famille, équipe, groupe, etc.) est l'un des fondements de toute société. C'est ce qui nous permet de vivre, de travailler, d'avancer ensemble. C'est ce qui empêche que les besoins et les désirs des uns et des autres dégénèrent en conflits qui nuisent à tous. Bref, il faut bien qu'il y ait un chef pour superviser la mise en œuvre des décisions (communes ou arbitraires), mais aussi et surtout, pour trancher en cas de litige. Et il faut bien obéir (obéir, vient du latin *oboedire*, « ouïr »), pour éviter l'anarchie. On le voit bien en politique : les partis qui n'ont plus de chef, où chacun tire la barque de son côté, perdent les élections. Partant de cela, l'obéissance n'est pas un mal en soi. C'est même la moindre des choses quand on travaille quelque part : accepter la politique de l'entreprise, ses procédures, observer les directives... Là où l'obéissance devient dangereuse, c'est lorsqu'elle devient une obéissance aveugle. Vous n'êtes plus « vous », mais un « maillon ».

À l'extrême, c'est le comportement des personnes, qui, en état de faiblesse – psychologique notamment –, vivent, pensent et agissent sous l'emprise d'une secte par exemple. Obéissant aux injonctions d'un gourou qu'elles respectent, elles peuvent perdre leur libre-arbitre jusqu'à commettre des actes qui mettent leur vie (ou celle des autres) en danger.

Ca fait peur !

En 2009, France Télévisions présente Zone Xtrême, une fausse émission de télévision reproduisant la célèbre expérience de Milgram. Réalisée entre 1960 et 1963, par ce psychologue américain, cette expérience visait à estimer

à quel niveau d'obéissance peut aller un individu dirigé par une autorité qu'il pense légitime. Pratiquement, il s'agissait pour des cobayes (vous, moi) d'envoyer des décharges électriques à des « patients » sous prétextes d'apprentissage. Résultat : couverts par une autorité scientifique, les participants n'hésitaient pas à faire souffrir leurs semblables (personne n'a eu mal : sur la chaise électrique, c'était des comédiens).
Dans Zone Xtrême, l'autorité n'est plus la science, mais la télévision, avec à la clé une somme d'argent à gagner. Et c'est pire ! Le taux d'obéissance n'est plus de 62,5 % comme dans l'expérience originale, mais de 80 % ! Méfiez-vous de vos semblables...

Pourquoi il ne faut pas se soumettre ?

Votre patron n'est peut-être pas un dragon, mais on sait aujourd'hui qu'il y a une sorte de cercle vicieux entre bourreaux et victimes. Prenez un type qui n'a pas spécialement tendance à abuser de son autorité, placez-le devant un « béni oui oui », vous verrez qu'il se montrera automatiquement un peu plus tyrannique (d'où l'expression « ne pas tendre le dos pour être battu »). Alors, ne tentez pas le Diable. Vous devez allégeance à votre patron, mais vous n'êtes pas non plus obligé de lui cirer les bottes. D'ailleurs, sauf si c'est une brute ou un salaud (dans ce cas-là, filez !), il aurait une piètre opinion de vous. Et, n'oubliez pas : chaque fois que vous agissez contrairement à vos valeurs, vos idéaux, vous tuez non seulement un peu de vous, mais aussi de ce qui fait l'humanité.

Chapitre 21

Savez-vous « fayoter » (sans vous faire repérer) ?

Comme vous, votre patron (mais un client aussi) préfère céder au charme, à l'affectif, plutôt que de se voir contraint et forcé par la nécessité. « Si c'est la raison qui fait l'homme, c'est le sentiment qui le conduit », disait Jean-Jacques Rousseau. Il a aussi besoin d'être rassuré (sur votre implication, votre dévouement...), même s'il a la froide autorité d'un technocrate, des appétits de hyène ou s'il semble avoir perdu son âme depuis longtemps. Donc quoi de plus normal de fayoter un peu pour se faire bien voir ? Bien sûr, quand on fayote, on triche toujours un peu. On fait souvent son hypocrite, mais c'est quand même mieux. Les rapports quotidiens sont beaucoup plus agréables. Et on obtient plus (et plus durablement) en huilant les relations qu'en étant sec comme une trique. Le risque, c'est d'en faire trop. Auquel cas, vous braquez tout le monde contre vous : « Celui-là, quel lèche-bottes ! » Et pire, vous obtenez avec votre patron (ou un client) le résultat inverse : au lieu d'être apprécié pour votre zèle, vous perdez en respect et en crédibilité, voire vous vous faites détester. De fait, fayoter, c'est tout un art. En êtes-vous vraiment capable ? Cochez chaque fois que vous vous reconnaissez dans les affirmations suivantes.

- ❑ Quand votre boss vous demande trois choses à la fois, vous dites oui à tout (au lieu de lui demander son ordre de priorité).
- ❑ D'ailleurs, vous êtes un « ouiiste » inconditionnel : vous vous montrez toujours d'accord avec votre patron, même quand vous pensez qu'il a tort.
- ❑ En cas de mauvaise nouvelle, vous foncez dans son bureau pour être le premier à lui en faire part.
- ❑ Quand votre supérieur vous demande : « Combien de temps pour… », vous sous-estimez souvent les délais pour lui faire plaisir.
- ❑ Vous ne partez jamais en vacances sans lui dire : « Mais vous pourrez me joindre à tout moment. »
- ❑ Quand il vous invite à déjeuner ou à dîner, vous ne dites jamais non (même si vous aviez déjà d'autres obligations).
- ❑ Vous êtes content quand votre patron vous appelle le soir ou le week-end (surtout si c'est sans nécessité réelle, juste pour parler).
- ❑ Vous ne prenez jamais d'initiative sans avoir d'abord son feu vert.
- ❑ Vous dites rarement du bien de votre boss aux gens avec qui vous travaillez (collaborateurs, clients, fournisseurs…) ; vous attirez plutôt l'attention sur ses défauts.
- ❑ D'ailleurs, vous ne lui faites jamais de compliments : vous ne voulez pas qu'il pense que vous fayotez.

- ❑ Augmentation, promo, avantages... Vous ne demandez jamais rien à votre patron : vous attendez que ce soit lui qui fasse le premier pas.
- ❑ Vous « boudez » quand vous estimez être victime d'une injustice de la part de vos supérieurs.
- ❑ Vous entrez souvent dans le bureau du chef juste pour lui dire bonjour, ou : « Quoi de neuf ? »
- ❑ Rendez-vous, réunions... Comme votre chef est souvent en retard, vous êtes en retard aussi.
- ❑ Vous arrivez le matin avant lui et vous restez le soir après lui.
- ❑ D'ailleurs vous jouez souvent les prolongations en fin de journée dans l'espoir que votre boss vous offre un verre.
- ❑ Et en cas de petits conflits internes (rivalités, jalousies professionnelles, guéguerre de « petits chefs »...), vous vous rangez automatiquement dans son camp.
- ❑ Quand il vous attaque devant tout le monde, vous vous répandez en excuses.
- ❑ D'ailleurs, vous vous interdisez toute manifestation de mauvaise humeur devant votre patron.
- ❑ Quand il a sa mine des mauvais jours, vous vous demandez ce que vous pouvez faire pour lui être agréable et lui redonner le sourire.
- ❑ S'il a un doute sur quelqu'un, vous abondez dans son sens (vous enfoncez l'autre).
- ❑ Look, façons de parler, tics de langage... On vous a déjà fait remarquer que vous étiez un clone de votre boss.
- ❑ Quand il se défile (« Ah bon, je vous ai dit ça, moi ! »), vous laissez toujours courir (au lieu de remettre les pendules à l'heure).
- ❑ Vous riez (bruyamment) à toutes ses blagues, même les plus vaseuses.

- ❑ Vous laissez toujours croire à votre patron qu'il peut avoir le beurre et l'argent du beurre (au lieu de lui demander de faire des choix raisonnables).
- ❑ Vous lui demandez presque tous les jours comment se portent sa femme et/ou ses enfants.
- ❑ Vous lui faites croire que vous vous intéressez au foot (c'est un fan), alors que tout le monde au bureau sait très bien que vous vous en fichez.
- ❑ Vous vous accablez devant votre patron (et en public) systématiquement quand vous vous êtes trompé.
- ❑ Vous vous empressez de lui rapporter toutes les rumeurs qui traînent à la cantine ou à la machine à café.
- ❑ Et vous ne manquez jamais de lui souhaiter son anniversaire devant tout le monde, alors qu'il déteste ça !

Comment analyser vos résultats ?

Comptez le nombre de cases cochées, et reportez-vous au profil correspondant (ou aux profils correspondants si vous avez moins de trois points d'écart).

Moins de 10 cases
Fayoter plus pour gagner plus
Est-ce un côté rebelle (vous vous retrouvez constamment en train d'affronter votre patron), voire passif-agressif (tous les chefs, les clients sont des crétins, ils vous en demandent toujours trop, etc.), qui vous fait prendre des comportements normaux (courtoisie, respect, attention, dévouement…) pour du culte de la personnalité ? En tout cas, aujourd'hui, vous faites le strict minimum (votre travail) pour vous faire bien voir. Un peu plus zélé, vous auriez sans doute de meilleures relations (et plus de succès). Alors changez d'état

d'esprit : vous pouvez très bien fayoter un peu sans pour autant vous prendre et/ou passer aux yeux des autres pour un lèche-bottes. Personne ne vous demande de faire des courbettes ou de porter des cravates orange parce que votre patron en porte. Juste de vous montrer un peu plus convivial et « positif » pour fluidifier les rapports et gagner en odeur de sainteté.

De 10 à 20 cases
Fayot oui, mais discret
Est-ce un tempérament réservé : le bling-bling, ce n'est pas votre tasse de thé ? Le résultat d'une bonne éducation à l'ancienne : vos parents, vos maîtres vous ont appris les vertus de la discrétion ? Ou encore des dispositions très machiavéliques : vous savez qu'on n'attrape pas les mouches avec du vinaigre, mais pas non plus en leur faisant la danse des sept voiles ? Toujours est-il que vous savez doser vos effets. Vous pouvez brosser les chefs, les clients, dans le bon sens du poil, flatter leur ego pour obtenir ce que vous voulez ou plier en souplesse quand c'est nécessaire, en utilisant toutes les bonnes vieilles ficelles des pros de la manipulation. Mais chez vous cela n'a rien d'ostentatoire. Vous savez aussi vous montrer « aimable » avec tout le monde (collègues, assistantes, hommes de ménage, stagiaires...) et pas seulement avec ceux qui ont du pouvoir. Et vous n'hésitez pas, quand c'est nécessaire, à affirmer votre différence (dire non, désapprouver...) pour bien montrer que vous n'êtes pas une carpette.

Plus de 20 cases
Fayot, mais ça se voit trop
Est-ce une tendance à l'idolâtrie, voire au sacrifice : vous dites oui à tout même quand vous n'êtes pas d'accord ou n'avez pas envie ? Un manque de confiance en vous : vous

avez peur d'être rejeté, vous cherchez à vous faire aimer à tout prix ? Un syndrome « mama juive » : vous croyez dur comme fer que votre patron a besoin d'entendre chanter sans cesse ses louanges, d'être protégé (contre tous les autres : vos collègues, les fournisseurs, les clients, l'administration, etc.) ? Ou encore une (mauvaise) stratégie : vous croyez qu'on obtient tout par la flatterie ? En tout cas, vous avez nettement tendance à en faire trop dans l'empressement et la brosse à reluire. Pour être repéré, vous êtes repéré ! Il va être difficile d'inverser la tendance. Vous devez absolument « casser » volontairement votre image pour court-circuiter l'idée que les autres ont de vous. Par exemple, en critiquant votre patron de front devant tout le monde dès la prochaine occasion.

Partie III

Prendre le pouvoir

Chapitre 22

Êtes-vous charismatique ?

N'est pas de Gaulle qui veut, encore moins Bonaparte ! Il y a des hommes qu'on suivrait en enfer, d'autres même pas au café du coin. Par définition, le charisme relève de la grâce divine : certains en ont un peu, beaucoup… Il reste difficile à mesurer précisément, car il combine de nombreuses qualités différentes souvent insaisissables, comme la conscience de soi, l'autorité naturelle, l'empathie, la force de conviction, etc. Avez-vous peu ou prou les qualités pour influencer les gens et les événements ? Répondez par « oui » ou par « non » aux questions suivantes.

1/ Votre voix est plutôt dans les graves ? OUI/NON

Pour séduire, il faut du contenu (ce qui se dit), des formes (la manière de le dire), mais la « musique » a aussi son importance. De nombreuses études ont montré que l'attrait d'un homme dépend beaucoup de la hauteur de sa voix : plus elle est grave, plus il est crédible et inspire confiance, et inversement. D'ailleurs, chez les primates, comme les non-primates, les individus les plus dominants s'expriment toujours dans le grave car ils sont plus massifs (taille, poids) et ils ont plus d'hormones androgènes.

2/ Vous portez des couleurs « crédibles » ? OUI/NON

La plupart du temps nous portons peu d'attention aux couleurs. Elles n'en influencent pas moins la manière dont les autres nous perçoivent. Les hommes sont plus sensibles aux couleurs franches ; les femmes, aux douces ; les jeunes enfants, aux chaudes (rouge, jaune, orange) ; les personnes âgées, aux froides (bleu vert, turquoise). Tiercé gagnant de la crédibilité : le bleu, c'est celui qui inspire le plus la confiance, le professionnalisme ; le gris, la sécurité, la maturité et la fiabilité ; le noir, l'autorité, le sérieux.

3/ Votre visage est assez symétrique ? OUI/NON

Dans la nature, plus les individus sont symétriques, plus leur existence est facilitée (ils survivent mieux, trouvent plus facilement des partenaires). En revanche, plus ils sont asymétriques plus ils sont victimes des prédateurs. C'est comme ça aussi chez les humains. Nous avons une préférence innée pour les visages symétriques. Les nouveau-nés regardent plus longtemps des photographies de visages quand les deux yeux sont symétriques. Chez l'adulte, les traits symétriques sont aussi plus attrayants et plus séduisants que les visages asymétriques.

4/ Dans un groupe, vous vous efforcez autant que possible d'occuper une place centrale ? OUI/NON

Guéguen et Menieri, deux psys français, ont montré que le fait d'occuper une position centrale dans un groupe augmente nettement l'attention qu'on nous porte. Plus on tient la pole position, plus on est jugé favorablement en termes d'attrait physique, de sociabilité et de sex-appeal. La séduction, le leadership, c'est aussi une affaire de gestion de l'espace interindividuel.

5/ Vous avez de l'humour ? OUI/NON

Savoir faire rire est très utile pour draguer (selon un sondage Ifop, 44 % des femmes tromperaient plus volontiers leur mari avec un homme « super drôle » que sexy ou intelligent), mais pas seulement. De nombreux travaux ont montré que l'humour accroît considérablement l'attractivité d'une personne sur le plan social. Les hommes qui ont de l'humour sont systématiquement perçus comme plus sûrs d'eux et plus séduisants.

6/ Vous demandez « petit » avant de demander « grand » ? OUI/NON

C'est la fameuse technique bien connue des démarcheurs à domicile dite « du pied dans la porte », qui consiste dans un premier temps à « engager » quelqu'un en lui demandant quelque chose d'anodin qu'il ne peut pas refuser, avant de lui demander quelque chose de plus pénible pour lui qu'il aurait sans doute refusé spontanément. C'est comme quand dans la rue, on vous demande l'heure, pour ensuite vous demander 2 €. Freeman et Fraser, deux psys américains, ont montré qu'avec la technique « du pied dans la porte » 76 % des gens acceptent de faire quelque chose contre 16 % habituellement.

7/ Vous êtes quelqu'un de plutôt souriant (et vous souriez « large ») ? OUI/NON

Les hommes souriants voient leur attrait physique multiplié par deux, d'où le succès des politiques et des escrocs. En revanche, souriez moins, en tout cas plus discrètement, si vous êtes une femme. Une récente étude autrichienne montre en effet que cela expliquerait la plupart des problèmes de communication entre les femmes et les hommes au quotidien, notamment le fait que les hommes surestiment l'intérêt sexuel des femmes à leur égard et deviennent facilement collants.

8/ Vous regardez les gens droit dans les yeux quand vous leur parlez ? OUI/NON

Fuir ou appuyer le regard, baisser les yeux, lever les yeux au ciel, avoir le regard dans le vide... ne sous-estimez pas l'importance du regard dans les rapports humains. Guéguen et Jacob, deux psys de l'université de Bretagne-Sud, ont par exemple montré qu'on obtient davantage ce que l'on veut quand on regarde les gens dans les yeux.

9/ Vous touchez fréquemment les gens (un contact de 1 ou 2 secondes sur l'avant-bras, la main, l'épaule, etc.) pour appuyer vos propos ? OUI/NON

Le toucher est une arme de persuasion massive. Cette expérience réalisée dans un supermarché en est la preuve : un vendeur propose à ses clients de goûter une pizza X. Une fois sur deux, il leur touche l'avant-bras. Résultat : 79 % des personnes touchées goûtent la pizza, contre 51 % des non touchées. Mieux : sur une échelle de 0 à 10, la pizza est appréciée de la même manière par les deux groupes mais 37 % des gens touchés en achètent, contre 19 % seulement des clients qui n'ont pas été touchés. Toutes les autres études faites en ce sens (auprès des serveurs dans les bars ou dans les restaurants, auprès des vendeurs dans les boutiques, etc.) montrent qu'on obtient toujours plus en établissant un contact physique avec son interlocuteur.

10/ Vous vous asseyez toujours à 45 degrés de votre interlocuteur, à sa gauche (votre droite à vous) si vous voulez jouer sur la corde sensible, à sa droite (votre gauche à vous) si vous voulez faire appel à son cerveau rationnel ? OUI/NON

Différents travaux ont montré que le cerveau droit (relié à l'œil gauche) est le cerveau intuitif, « optimiste ». Il est mobilisé en priorité dans les expériences émotionnelles agréables, positives, alors que le cerveau gauche (relié à l'œil droit) est le cerveau rationnel, mobilisé par les émotions désagréables, négatives. Les dessins animés ont par exemple plus d'effet quand ils sont projetés dans le champ visuel gauche (hémisphère droit). Inversement, les films d'horreur sont plus efficaces quand ils sont projetés dans le champ visuel droit (hémisphère gauche).

11/ Vous êtes gaucher ? OUI/NON

Les gauchers pensent plus vite ! Ils utilisent plus fréquemment, et donc plus aisément, les deux parties de leur cerveau. Les connections entre les hémisphères droit et gauche du cerveau s'effectuant plus rapidement chez eux, ils sont plus efficaces pour accomplir des tâches très rapides ou très difficiles qui requièrent l'interprétation d'un foule d'informations, comme jouer à des jeux d'ordinateurs, conduire dans un embouteillage ou embobiner un auditoire.

Source : *Neuropsychology.*

12/ Vous êtes narcissique (centré sur vous, autonome, peu intimidable) ? OUI/NON

Comme Freud l'avait déjà pressenti, les narcissiques « s'imposent aux autres comme des "personnalités" ; ils sont particulièrement qualifiés pour assumer le rôle de leader... » Une récente étude confirme. Amy Brunell, un psy de l'Université d'État de l'Ohio à Newark, a mené une série d'expériences avec des étudiants (432) et des gestionnaires (153) dans lesquelles les participants devaient désigner un leader. Non seulement les personnes les plus narcissiques estimaient avoir joué le rôle de leader, mais les autres membres des groupes les voyaient comme tel.

Même en tenant compte d'autres facteurs comme le sexe, l'extraversion, etc., le narcissisme est déterminant pour le charisme.

Comment analyser vos résultats ?

Comptez le nombre de fois où vous avez répondu « oui » et reportez-vous au paragraphe correspondant.

Moins de 6 points
Votre potentiel charismatique : faible
Ouverture, sens du contact et des échanges, dévouement aux autres : vous n'êtes pas sans charisme, mais, au fond, vous n'avez pas vraiment vocation à influencer les autres et les événements. Peut-être parce que vous avez tendance à vous sous-estimer. Peut-être aussi parce qu'aimant bien vous laisser vivre, vous trouvez que le pouvoir est toujours trop lourd à porter. En tout cas, vous êtes bien plus à l'aise au service des autres qu'à leur tête (vous pouvez faire par exemple un vendeur remarquable ou exceller dans des professions de conseil). Côté loisirs, vous pouvez retirer beaucoup de plaisirs de hobbies au service d'une œuvre et d'un public : musique, danse, activités manuelles et artisanales…

De 6 à 9 points
Votre potentiel charismatique : élevé
Dans votre travail, vos loisirs, dans un groupe, vous avez tendance à prendre spontanément les choses en main. Vous n'êtes peut-être pas un chef charismatique (pas toujours), mais en tout cas un meneur-né. Et vous avez d'autant plus plaisir à exercer votre « commandement » dans les situations difficiles, complexes, de challenge. Dans votre travail, ce n'est pas tant l'activité elle-même qui vous intéresse que le fait de

diriger et organiser. Idem dans vos loisirs où vous pouvez aussi bien gérer une association, manager le club d'échec du collège que coacher une équipe sportive.

Plus de 9 points
Votre potentiel charismatique : très élevé
Autorité naturelle, capacités d'empathie, sens de la persuasion… manifestement, vous devez avoir toutes les qualités nécessaires pour exercer une influence considérable sur les autres. Particulièrement à l'aise dans les activités de service, les fonctions orientées vers les personnes, idéal porte-parole d'une entreprise, vous pourriez aussi être bon professeur, éducateur, psychologue… Des hobbies pour vous : tout ce qui touche à l'observation des comportements (lecture, films, etc.) ou qui joue sur vos talents d'orateur (éducateur, comédien, animateur, etc.).

Chapitre 23

Êtes-vous un risque-tout ?

Petite histoire du début des années 1980 : un jeune auteur propose au plus gros éditeur de poches pratiques une collection de livres sur l'informatique. Verdict : « Trop risqué ! » Deux ans plus tard, à la faveur d'un changement de direction, le projet est lancé. Résultat : l'éditeur fait pendant plusieurs années 40 % de son chiffre d'affaires, le plus gros du marché, sur ce créneau. Savoir prendre des risques, c'est ce qui fait les grands hommes de l'histoire comme les grands managers. Bien sûr, l'écueil réside dans l'excès : l'aventurisme, les décisions hasardeuses, les attitudes suicidaires, etc. Et l'insuffisance : l'absence d'initiatives, les renoncements frileux, les parapluies ouverts… Où vous situez-vous ? Êtes-vous un risque-tout ou un grand frileux ? Entre les deux ? Cochez chaque fois que vous vous reconnaissez dans les affirmations suivantes.

1/ Vos collègues se moquent souvent de vous parce que vous imaginez le pire.

2/ Vous trouvez que votre patron prend souvent des décisions un peu trop rapidement.
3/ Vous avez un sommeil haché ; vous vous réveillez plusieurs fois dans la nuit.
4/ Vous devenez nerveux quand vous sentez que votre patron vous observe.
5/ Vous avez besoin de sentir que les autres vous apprécient, même quand vous n'attendez spécialement rien d'eux.
6/ Vous vous sentez souvent las et fatigué sans raison.
7/ Quand vous avez une mauvaise nouvelle à annoncer à votre patron, vous êtes dans vos petits souliers.
8/ Cela fait bien plus de six mois que vous n'avez pas parlé devant un public nombreux.
9/ Quand vous avez un train à prendre, vous arrivez toujours à la gare longtemps à l'avance.
10/ Quand l'ambiance au bureau n'est pas bonne, vos performances (et vos résultats) ont tendance à chuter.
11/ Après coup, vous vous tourmentez souvent pour des choses que vous n'auriez pas dû faire ou dire.
12/ Vous avez souvent des crampes ou des douleurs musculaires (nuque, épaules, dos, jambes…).
13/ Vous avez la même marque de voiture depuis plus de dix ans.
14/ Quand vous vous trompez en faisant un recrutement, vous vous en voulez longtemps.
15/ Vous vous inquiétez souvent pour votre santé ou celle de vos proches.
16/ Vous ne passez pas sous les échelles.
17/ Quand vous avez un dossier important à rendre, vous attendez souvent la dernière minute.
18/ Quand vous n'allez pas bien (mentalement, physiquement), vous avez besoin d'être seul pour récupérer.

19/ Votre bureau est rangé de manière impeccable.
20/ Quand vos collègues vous taquinent, vous vous demandez souvent si c'est du lard ou du cochon.
21/ Quand un collaborateur réussit un joli coup, vous avez du mal à exprimer votre satisfaction.
22/ En voiture, vous n'êtes pas à l'aise quand ce n'est pas vous qui conduisez.
23/ Vous ressentez souvent les autres hommes (et souvent même les femmes) comme des rivaux.
24/ Vous ferez tout (cure de vitamines, soins, sport, chirurgie…) pour garder la forme le plus longtemps possible.
25/ Quand un nouveau rejoint l'équipe, vous attendez de voir avant de sympathiser.
26/ Vous avez du mal à vous concentrer quand il y a trop de bruit.
27/ Vous trouvez que la vie ne vous a pas beaucoup gâté en général.
28/ Quand vous avez des problèmes avec un client, vous avez tendance à somatiser (douleurs musculaires, maux de ventre, de tête, etc.).
29/ Vous savez aujourd'hui ce que vous allez faire demain.
30/ Vous respectez sans peine la hiérarchie, les procédures, les règles…
31/ Vous ne parlez presque jamais de votre vie privée avec votre staff.
32/ Vous détestez quand votre programme est bousculé.
33/ Vous vous feriez porter pâle si votre boîte organisait un stage « saut à l'élastique ».
34/ Quand vous faites une boulette au bureau, vous croisez les doigts pour que votre patron ne s'en aperçoive pas.
35/ Dans une négociation, quand vous sentez que la partie adverse est hostile, vous avez tendance à vous fermer.

36/ Dans les brainstormings, vous préférez vous censurer que dire des énormités.
37/ Vous pensez qu'on ne change pas une équipe qui gagne.
38/ Au poker, vous ne casseriez pas une paire d'as pour tenter un flush royal.
39/ Il ne vous arrivera jamais de passer au-dessus de votre patron direct.
40/ Vous êtes fonctionnaire.

Comment analyser vos résultats ?

Comptez le nombre de fois où vous avez répondu « oui » et reportez-vous au profil correspondant.

Moins de 11 « oui »
Votre capacité de prise de risque : très (trop ?) élevée
Pas de doute, vous ne détestez pas monter au front, prendre des risques, forcer les portes et les décisions. Coutumier de l'action directe, vous obtenez souvent des résultats tangibles, vous réussissez souvent là où d'autres n'oseraient même pas s'aventurer. Et vous fonctionnez « à plein » dans les situations de changement ou de crise, un peu parce que vous avez du sang-froid, beaucoup parce que vous ne voyez pas l'obstacle. Mais vos succès doivent souvent beaucoup à la chance ou à la faiblesse des autres. Votre audace, c'est souvent de l'impulsivité. Efforcez-vous à la patience et prenez des risques plus calculés (au lieu de jouer systématiquement l'audace parce que vous ne savez pas être prudent).

De 12 à 20 « oui »
Votre capacité de prise de risque : assez élevée
Chez vous, rien de frileux. Vous êtes attaché à votre confort et à votre tranquillité d'esprit, vous ne vous voyez pas faire des poussées d'adrénaline en permanence dans votre métier, mais vous savez oser quand il faut. Profiter de la moindre ouverture pour prendre votre chance (que ce soit pour obtenir une augmentation ou un gros contrat) ou jouer le coup de poker pour doubler la mise. Vous n'avez rien non plus d'un fou furieux : vous ne tentez pas l'impossible, vous ne foncez pas sans calculs ou sans arguments (et encore moins sans assurer vos arrières). Comment avoir un meilleur ratio prise de risque/succès ? En croyant un peu plus aux miracles : « Tous ceux qui ont gagné, ont joué », comme disait la pub.

Plus de 20 « oui »
Votre capacité de prise de risque : plutôt basse
Est-ce le fait d'un tempérament particulièrement anxieux et pessimiste ? Ou alors, au contraire, vous avez une bonne nature, plus soucieuse de confort que de conquêtes ? En tout cas, aujourd'hui, vous avez plus tendance au statu quo qu'à la prise de risque. Vous préférez gérer des problèmes que vous connaissez plutôt que faire un grand saut dans l'inconnu, avec tout ce que cela suppose d'efforts à fournir, d'incertitudes et de sanctions possibles (pour vous, l'équipe, l'entreprise...). La fortune ne souriant qu'aux audacieux, forcez-vous systématiquement à suivre votre première impulsion (dès que vous commencez à raisonner, c'est fichu !).

Chapitre 24

Savez-vous vous imposer ?

Certains ont une autorité naturelle. C'est vrai, il est plus facile de s'imposer quand on mesure 1,80 m plutôt qu'1,65 m, qu'on a une voix grave plutôt qu'aiguë, des traits carrés plutôt que flous. Toutes les études psys menées dans ce domaine prouvent que plus une personne est athlétique (large d'épaules, musclée...), plus son visage est symétrique, plus elle est créditée de pouvoir de domination. Au point qu'on peut prédire des résultats électoraux, comme l'a montré Alexander Todorov, un psy de Princeton. Il a demandé à des volontaires de se prononcer au seul vu de photographies, en noir et blanc, de visages de candidats inconnus. Dans 70 % des cas, le candidat perçu comme le plus compétent est bien celui qui a remporté l'élection ! Mais bon, les petits et les malingres ont aussi leurs chances. Toujours dans le domaine électoral, Daniel Benjamin du Darmouth College et Jesse Shapiro de l'université de Chicago ont montré qu'une allure, un maintien, un regard franc ou un sourire engageant laissaient aussi deviner la victoire. Au-delà de l'apparence physique, savoir s'imposer dépend en fait d'un ensemble de facteurs : confiance en soi, expérience, assurance du discours...

En êtes-vous capable ? Cochez chaque fois que vous vous reconnaissez dans les affirmations suivantes.

- ❑ Dans vos études, vous étiez plutôt meilleur à l'écrit qu'à l'oral.
- ❑ Cela vous arrive assez souvent de penser que vous êtes incompris.
- ❑ Quand on vous confie une nouvelle mission, vous vous demandez toujours si vous allez être à la hauteur.
- ❑ Vos proches vous ont souvent reproché de vous écouter parler.
- ❑ Vous n'arrivez pas à regarder quelqu'un dans les yeux plus de trois secondes de suite.
- ❑ Vous avez tendance à vous énerver quand on n'est pas d'accord avec vous.
- ❑ Vous donnez des poignées de main un peu molles.
- ❑ Vous vous sentez vite mal à l'aise quand vous croyez que quelqu'un vous observe.
- ❑ Vos amis vous ont souvent reproché d'être un peu trop sarcastique.
- ❑ Au bureau, vous exécutez souvent les corvées.
- ❑ Vous détestez les séparations.
- ❑ Les compliments ont tendance à vous mettre un peu mal à l'aise.
- ❑ Quand votre patron vous convoque dans son bureau, vous éprouvez toujours un petit sentiment de panique.
- ❑ Vous éprouvez parfois des sentiments de honte.
- ❑ Quand vous devez parler devant plus de deux personnes, vous avez le trac.
- ❑ Vous êtes plus efficace quand vous savez exactement ce que vous avez à faire.
- ❑ Les fortes personnalités vous donnent des complexes.

- ❑ Vous êtes très mal à l'aise dans les situations conflictuelles.
- ❑ Quand vous vous comparez aux autres, c'est presque toujours à votre désavantage.
- ❑ Vous ne contredisez jamais votre patron.
- ❑ Avant de prendre une décision, vous avez souvent peur de vous tromper.
- ❑ Vous avez ou vous aimeriez avoir un chien.
- ❑ Chaque fois que votre assistante fait une bêtise, vous le lui reprochez longtemps.
- ❑ Vous préférez travailler tout seul (plutôt qu'en équipe).
- ❑ Vous avez du mal à établir un contact avec les autres quand vous débarquez dans un dîner ou une soirée.
- ❑ Vous finissez souvent vos phrases par des points d'interrogation.
- ❑ Vous pensez que vous n'êtes pas estimé à votre juste valeur.
- ❑ Les réflexions, les critiques ont facilement tendance à vous énerver (même si vous ne le montrez pas).
- ❑ Vous pensez souvent que vous devriez changer de métier.
- ❑ Physiquement, vous ne vous trouvez pas très courageux.
- ❑ Vous avez plus de regrets que de remords.
- ❑ Après coup, vous pensez souvent que vous n'avez pas dit ce qu'il fallait.
- ❑ Vous vous efforcez toujours de régler vos problèmes tout seul.
- ❑ Vous avez du mal à dire non.
- ❑ Quand votre équipier se plante, vous laissez filer pour ne pas faire de vagues.
- ❑ Vous ruminez longtemps vos erreurs.
- ❑ Quand vous avez besoin d'aide, vous avez souvent du mal à l'obtenir.
- ❑ Vous préférez le statu quo au changement.

- ❑ Vous vous demandez souvent ce que les autres pensent de vous.

Comment analyser vos résultats ?

Comptez le nombre de cases que vous avez cochées, et reportez-vous au profil correspondant (ou aux profils correspondants si vous avez moins de trois points d'écart).

Moins de 11 cases cochées
Vous avez de l'autorité
Avez-vous des dispositions naturelles au commandement, ou ont-elles été forgées par l'expérience ? En tout cas, vous bénéficiez d'une supériorité qui impose le respect, la confiance, l'obéissance. Vous n'avez pas de difficulté majeure pour convaincre les autres d'agir dans votre sens. Résultat : vous pouvez obtenir beaucoup de ceux qui travaillent avec vous. Le revers de la médaille, ce sont les possibilités de conflit avec vos autorités de tutelle. Votre supérieur direct (surtout si c'est un vrai mou ou un faux dur) peut prendre ombrage de votre ascendant sur les autres et se sentir menacé. Alors, mettez de l'eau dans votre vin. Vous devez apprendre à désamorcer l'agressivité dans vos relations hiérarchiques. Inutile d'essayer de vous faire passer pour un béni-oui-oui. Vous n'êtes pas crédible dans un rôle de docile. En revanche, vous pouvez prévenir pas mal de difficultés en évitant les confrontations directes (en vous soumettant en apparence).

De 12 à 22 cases
Vous avez du poids
Pas de doute, vous avez une vraie assurance, de l'ascendance sur les autres. Quand vous avez une idée, un projet, en tête, vous êtes capable de déplacer ciel et terre pour les faire passer.

Rien ne vous arrête. Ni les contradicteurs : vous ne détestez pas argumenter, vous êtes tenace, persuasif. Ni les oppositions : vous savez aussi vous adapter, faire des concessions, trouver des compromis. Bref, vous sentez quand il faut taper du poing sur la table, vous taire (momentanément) ou amadouer les autres pour obtenir ce que vous voulez. C'est presque parfait, mais dans les situations hostiles, vous avez parfois tendance à vous braquer, à faire preuve d'autoritarisme avec vos subordonnés. Vous obtiendrez plus en n'en faisant pas une affaire de principe et en lâchant du lest (les enjeux n'en valent pas souvent la peine).

Plus de 22 cases
Vous avez du mal à vous imposer
Est-ce un caractère extrêmement conciliant, de la timidité, un manque de confiance en vous, la peur d'être rejeté ? En tout cas, vous avez du mal à vous faire entendre, à imposer votre volonté. Le peu d'assurance que vous avez s'effondre à la moindre critique, dès la moindre opposition. Vous préférez laisser tomber, vous résigner au lieu d'argumenter, de tenter d'affirmer vos propres idées, vos souhaits. Mais on ne se fait pas respecter en jouant les dociles. Au contraire, vous vous dévalorisez. Vos collègues, votre patron ont spontanément tendance à faire passer leurs idées et leurs intérêts en premier. Pas spécialement parce qu'ils en sont absolument convaincus, mais parce que c'est humain. Et ils s'attendent à ce que vous défendiez votre propre point de vue : cela s'appelle débattre, réfléchir ensemble, définir des tactiques communes... Alors, courage ! Ne dites pas oui à tout quand vous n'êtes pas d'accord. Commencez par vous affirmer sur des points mineurs, ensuite vous y prendrez goût.

25 trucs pour « dominer » les autres

Dans un groupe (même à deux), il règne toujours des rapports de force (même quand les relations sont harmonieuses). La plupart du temps, on n'en a pas conscience car ces jeux subtils d'influence relèvent plus de la personnalité que du statut de chacun. Qu'est-ce qui fait que certaines personnalités s'imposent alors qu'elles n'ont pas de pouvoir réel (on voit des enfants manipuler leurs parents, des patrons dominés par leur collaborateur) ? Voici tous les trucs et astuces dont se servent les Rastignac des Temps modernes pour dominer les autres et réaliser leurs ambitions.

- Entretenez de bons rapports avec tout le monde. Paraître sympathique, c'est la première clef de la réussite.
- Respectez les convenances, les règles de politesse.
- Quand vous débarquez pour la première fois quelque part, jouez au « spectateur », observez pour apprendre qui est qui, qui fait quoi et avec qui, etc.
- Ne restez pas dans votre coin. Montrez-vous, attirez l'attention, multipliez les occasions d'affirmer votre « visibilité ».
- Soyez toujours attentif aux autres. À la longue, ils vous le rendent bien.
- Regardez les gens dans les yeux pour captiver les regards.
- Prêtez l'oreille à tout ce qui se dit, même les rumeurs. Toutes les informations sont exploitables pour affirmer votre pouvoir personnel ou retourner une situation, une opinion, en votre faveur.
- Rentrez toujours dans une conversation d'une manière originale. Évitez les phrases types, les lieux communs

sauf si vous voulez parler la langue de bois (pour la méthode se reporter au chapitre 29 : « Savez-vous manier la mauvaise foi ? »).

- Formez les mots distinctement avec les lèvres quand vous parlez. Le mouvement des lèvres capte aussi l'attention.
- Parlez avec les gens des sujets qui les intéressent. Ne dites pas à un patron fan de foot que c'est un jeu idiot ou à une collègue qui a inscrit sa fille à des cours de danse classique que c'est complètement tarte.
- Débrouillez-vous pour paraître toujours sincère, particulièrement quand vous êtes de mauvaise foi. Taisez-vous si vous ne vous en sentez pas capable.
- Évitez les mouvements d'humeur et ignorez ceux des autres. Faites plutôt preuve d'humour.
- Gardez toujours l'initiative dans une discussion. Apprenez à faire diversion, à renvoyer la balle. Répondez à une question embarrassante par une autre question.
- Tenez-vous à l'écart des conflits. Dérobez-vous quand vous êtes concerné et ne prenez pas parti quand vous ne l'êtes pas.
- Sauf avec les brutes. Rentrez-leur tout de suite dans le chou, traitez-les durement, c'est le seul moyen d'établir le contact.
- Ne vous défendez jamais particulièrement si vous êtes coupable. Ainsi, vous profitez toujours du bénéfice du doute.
- Ne refusez jamais une discussion surtout si vous n'êtes pas en bonne posture. Demandez à vos contradicteurs de prouver ce qu'ils disent, de vous donner des exemples concrets de ce qu'ils vous reprochent.
- Adoptez un profil bas ou fuyez quand vous n'êtes pas assez en forme pour faire face.

- Fabriquez-vous des « accroches » types pour aborder les gens et capter leur attention (par exemple : « J'ai rêvé de vous cette nuit, ça m'a fait tout drôle ») et changez-en régulièrement.
- Laissez croire aux autres que c'est vous qui pensez comme eux, et pas eux qui pensent comme vous.
- Faites toujours vos propositions par deux (en présentant d'abord la moins intéressante). L'une paraîtra toujours plus séduisante et emportera l'adhésion.
- N'insistez pas sur les désaccords, cela ne fait que renforcer votre interlocuteur dans ses positions, l'ancrer dans ses préjugés. Faites preuve de mauvaise foi pour rapprocher les points de vue, trouvez un consensus.
- Ne donnez jamais un ordre, n'imposez jamais une idée. Employez le « nous » pour faire croire à une décision prise en commun.
- Ne cédez jamais aux ultimatums, affectifs ou autres. Vous acceptez qu'on vous donne des directives, pas des ordres.
- Ne vous endormez jamais sur vos succès. Cherchez toujours à prendre plus de pouvoir, à agrandir votre zone d'influence.

Chapitre 25

Savez-vous désamorcer l'agressivité d'un interlocuteur ?

Plus de frustrations, de stress, de concurrence, de rivalités... Tous les jours, nous sommes confrontés à la grossièreté, la bêtise, la mauvaise volonté ou l'agressivité des autres. C'est l'automobiliste qui vous grille la politesse et votre place de parking, le contrôleur des impôts, ou l'employé de la Sécu, qui vous soupçonne a priori de mauvaise foi, le petit chef qui croit tout savoir, la brute épaisse qui ne veut rien comprendre. Le partenaire de vos jours s'y met parfois aussi quand il soutient dur comme fer que sa maman sait mieux ce qui est bon pour votre gamin. Tous, ils nous prennent la tête et nous pourrissent la vie. Devant eux, on se sent souvent désarmé, impuissant. En général, dans ce type de situation, on a tendance à devenir soi-même agressif ou alors à renoncer, à se résigner ou à ruser. Mais ni l'attaque, ni la soumission, ni l'hypocrisie ne sont de réelles solutions. En réagissant ainsi, on peut sans doute affirmer (provisoirement) sa supériorité ou éviter (momentanément) les conflits. Après tout, pourquoi ne pas ignorer le comportement en question, répondre du tac au tac ou céder ? À terme, ce type de réaction compromet toute coopération future. Délicat quand on est « condamné » à des relations suivies, quand on ne peut pas se passer des personnes en question. Comment rester positif, constructif ? Comment garder sa bonne humeur et son efficacité ? Êtes-vous un pacificateur ?

Cochez chaque fois que vous vous reconnaissez dans les affirmations suivantes.

- ❑ Un regard, une réflexion, un reproche, qui me semble déplacé, injustifié, et je pars au quart de tour.
- ❑ Quand quelque chose tourne mal, je cherche toujours le coupable.
- ❑ Je perds mes moyens quand je me sens agressé ; j'ai du mal à exprimer ce que je pense, je ressens.
- ❑ Quand mon patron fait sa tête des mauvais jours, je ne pense pas : « Sa femme l'a envoyé dormir sur le canapé du salon », mais : « Il m'en veut parce qu'il m'a dans le collimateur. »
- ❑ J'ai du mal à reconnaître mes erreurs, même les toutes petites.
- ❑ Quand mon patron me soupçonne a priori de mauvaise foi, je monte sur mes grands chevaux.
- ❑ Je cherche toujours à avoir le dernier mot, surtout quand j'ai raison.
- ❑ J'ai tendance à dramatiser les difficultés, à faire de tout un problème personnel.
- ❑ Je ne supporte pas la bêtise, elle me rend mauvais.
- ❑ Quand on m'attaque, je contre-attaque encore plus fort, tant pis si cela fait un drame.
- ❑ Je suis très rancunier, je n'oublie rien, je ne pardonne jamais ; après une dispute, j'ai du mal à passer l'éponge.

- ❑ Je ne délègue pas facilement, car j'ai la conviction que les autres ne feront pas les choses correctement.
- ❑ Je pense qu'on peut obtenir beaucoup de choses à l'intimidation, en faisant pression.
- ❑ Je préfère renoncer et ne pas risquer d'avoir des problèmes.
- ❑ Quand on me dit « non », je reviens à la charge, j'essaie d'avoir l'autre à l'usure.
- ❑ Pour moi, les gestes de conciliation sont des marques de faiblesse, c'est le moment de prendre le dessus sur l'autre.
- ❑ Quand on est dans son droit, on peut pousser l'autre (qui a tort) dans ses derniers retranchements.
- ❑ Je me sens vite coupable quand on me fait des reproches, surtout si c'est mon patron.
- ❑ Je prends souvent un malin plaisir à dénoncer les faiblesses, ou les aveuglements de l'autre.
- ❑ Je ne sais pas dire « non » à mon patron, même quand je croule déjà sous le travail.
- ❑ Quand j'ai un problème avec quelqu'un, j'en réfère tout de suite plus haut.
- ❑ « Œil pour œil, dent pour dent » : si quelqu'un fait un coup bas, c'est normal de chercher à se venger.
- ❑ On m'a souvent reproché d'être un peu trop gentil.
- ❑ J'ergote, je râle ou je boude quand on me demande de faire des choses que je ne veux pas faire.
- ❑ Il m'est déjà arrivé de donner de fausses informations à quelqu'un pour le pousser à la faute.
- ❑ J'ai tendance à traîner ou à bâcler quand je n'ai pas envie de faire quelque chose.
- ❑ Je fais souvent comme si j'étais d'accord, même quand je pense que quelqu'un se trompe, pour ne pas créer de problème.

- ❑ Je ne fais confiance à personne au bureau : tout le monde est capable de me faire un coup tordu.
- ❑ Quand mes collègues se moquent « gentiment » de moi, je ne sais jamais comment réagir.
- ❑ Je pense que les autres ont, à mon endroit, des exigences insensées, surtout mon patron.
- ❑ Quand on oublie de me transmettre la copie d'un mémo, d'un mail, j'imagine qu'on me cache des informations.
- ❑ Je m'efforce d'être aimable avec tout le monde, de me montrer agréable, d'aplanir les difficultés.
- ❑ Il m'est déjà arrivé de faire en public des réflexions désobligeantes, voire humiliantes, sur le physique ou les compétences de quelqu'un.
- ❑ Je pense travailler beaucoup mieux que les autres ne le croient ; mes mérites ne sont pas reconnus à leur juste valeur.
- ❑ J'ai des idées, des opinions très arrêtées ; j'ai du mal à changer d'avis et m'entête facilement.
- ❑ Quand quelque chose devient trop compliqué, je préfère laisser tomber, me résigner au lieu de me battre.
- ❑ Je me vexe facilement quand on me fait des suggestions pour être plus efficace.
- ❑ Je prends les problèmes de front ; je pense qu'il vaut toujours mieux vider l'abcès tout de suite.
- ❑ Je ne supporte pas les situations conflictuelles ; je me sens complètement impuissant.
- ❑ Je déteste faire la queue au cinéma ou au restaurant.

Comment analyser vos résultats ?

Comptez le nombre de cases cochées et reportez-vous au profil correspondant.

Plus de 22 « oui »
Vous jetez trop d'huile sur le feu
Est-ce un tempérament impulsif, voire colérique ? Ou alors, un goût pour les conflits déclarés ? En tout cas, avec vous, c'est vite l'escalade ! Épuisant pour vos nerfs et ceux de votre entourage ! Bien sûr, vous pouvez être gagnant à court terme. Vos interlocuteurs peuvent se laisser intimider. À long terme pourtant, vous pouvez être sûr que le travail sera mal fait, vos projets retardés, vos efforts sabotés. Au pire, vous risquez de déclencher un processus d'escalade qui mène à une rupture plus ou moins brutale. Comment vous montrer plus souple ? En misant sur le temps, l'écoute. En cas d'agression (voilée ou pas), ne répondez pas immédiatement, laissez votre interlocuteur vider son sac. Ne lui rendez pas la pareille (même si vous le pouvez parce qu'il n'est pas votre patron). Gardez votre calme et rompez (physiquement) le contact si vous n'arrivez pas à maîtriser vos émotions et vos réactions.

La colère, parfois bonne conseillère

Vous avez un gros problème à régler ? Piquez d'abord une colère, mais contre quelque chose qui n'a rien à voir avec le problème en question. C'est la recommandation de chercheurs de l'université de Californie à Santa Barbara. Ils ont montré que la colère aide à se concentrer : elle provoque une posture « analytique » face aux problèmes. On analyse mieux, par exemple, plus en détail, les arguments d'une conversation ou d'un dossier si on a été contrarié (par autre chose) quelques minutes auparavant.

Source : *Personality and Social Psychology Bulletin.*

De 12 à 22 « oui »

Vous sur-réagissez un peu trop souvent

Sentiments d'incompréhension, d'impuissance… L'agressivité des autres vous laisse souvent démuni. Vous ripostez parfois trop faiblement, et l'autre se croit tout permis ; parfois trop fortement, et c'est l'escalade. Comment mieux adapter votre attitude ? En comprenant le pourquoi du comment. Divergence des personnalités, des valeurs, des intérêts, différence d'appréciation des situations, des enjeux, des urgences : les conflits naissent généralement d'un désaccord sur les faits, les objectifs, les priorités. Ou alors, de malentendus, d'une mauvaise interprétation des motivations et des intentions. Souvent, les manifestations d'agressivité ne sont en fait que l'expression de sentiments personnels de faiblesse ou d'insécurité. Face à ce type de comportements, il faut toujours aller au-delà des apparences, tenter de se mettre à la place de l'autre pour comprendre ce qui est réellement en jeu dans son agressivité.

Moins de 11 « oui »

Vous êtes un casque bleu

Est-ce de l'indifférence ? Problèmes, crises, conflits, rien ne vous affecte profondément, durablement. Vous pouvez céder en apparence, dire oui à tout et laisser passer l'orage. Ou de la « zénitude » ? Prenant beaucoup de recul la plupart du temps, vous êtes peu vulnérable face aux événements extérieurs, vous vous concentrez sur votre propre attitude. En ne renvoyant pas la balle, en faisant preuve de distance, vous désamorcez. En tout cas, vous vous montrez a priori plutôt bienveillant. Vous coopérez aussi longtemps que l'autre coopère pour éviter les conflits inutiles. Vous savez également riposter chaque fois que l'autre ne joue pas ou plus la coopération : une riposte ni trop forte (risque d'escalade) ni trop faible (risque d'irrespect). C'est déjà beaucoup (avec vous, la mauvaise humeur est vite dissipée), mais vous pouvez faire mieux. Par exemple, en annonçant d'emblée la couleur pour que les autres sachent à quoi s'en tenir : oui à la mauvaise humeur, aux « dérapages », non aux attaques personnelles, aux réflexions blessantes, à l'agressivité gratuite.

15 techniques de désamorçage

Ça fait un quart d'heure que vous attendez qu'une table se libère au soleil (la terrasse est bondée) et là, juste au moment où vous imaginez que votre calvaire prend fin, vous êtes doublé par un sans-gêne. Vous tentez un « j'étais là avant » ; l'autre vous envoie paître. Vous êtes contrarié, énervé, votre après-midi est gâché... En cas d'agressivité, souvent on bloque, on défend pied à pied ses positions, on a le droit pour soi, la morale, l'expérience ou le simple bon sens... On a tort. La plupart des batailles menées au quotidien n'en valent pas la peine. Elles sont inutiles. Elles pourrissent l'existence, les relations. On entre dans l'engrenage tensions-stress, stress-tensions. On supporte jusqu'au jour où on craque. Mieux vaut fuir, plier plutôt que casser, désamorcer les choses dans l'œuf. Cela ne veut pas dire pour autant consentir à tout et à n'importe quoi, céder devant l'injustice ou l'immonde. Pas question d'accepter des propos racistes, de se taire devant les horreurs du monde. Mais reculer (pour mieux sauter), pour tout ce qui n'en vaut pas la peine, devant tout ce qui est sans espoir.

Comment préserver l'essentiel, garder intacts son enthousiasme, son énergie, pour mener les combats qui nous tiennent vraiment à cœur ?

1. Lâcher du lest : « Tu sais, au fond, je m'en fiche, tu as peut-être raison », plutôt que toujours chercher toujours à avoir le dernier mot (même quand on a raison).
2. Se montrer indulgent au lieu de prendre un malin plaisir à dénoncer les faiblesses, les fautes ou les aveuglements de l'autre.
3. Ne pas se croire tout permis parce qu'on a raison (ou parce qu'on est dans son droit) de pousser l'autre (qui a tort) dans ses derniers retranchements.
4. Ne pas utiliser et refuser tout ce qui ressemble à du chantage, de l'intimidation, à un ultimatum.
5. Refuser les rapports de force. Ne pas se poser en « victime » (pleurnicher au lieu de faire valoir ses droits), mais rebondir (toutes les « épreuves » sont des occasions se renforcer), sans se transformer non plus en ange vengeur.
6. Critiquer de façon constructive plutôt qu'enfoncer l'autre à la moindre occasion.
7. Ne pas attendre sans cesse que l'autre vous devine, en partant du principe : « S'il m'aime vraiment, je n'ai pas besoin de dire les choses pour qu'il comprenne. » Ni interpréter tout le temps. C'est une des plus grandes sources de malentendus et de conflits.
8. Ne pas ignorer les « mains tendues », les petits gestes et petits mots de réconciliation.
9. Se montrer pragmatique. Ne pas surestimer son pouvoir sur les autres, les événements.
10. Ne pas faire de tout un problème personnel. Relativiser (les réflexions, les critiques, les reproches) au lieu de démarrer au quart de tour.

11. Ne pas se battre contre les préjugés : cela ne fait que les renforcer. Faire un pas vers l'autre pour ouvrir le dialogue ou l'entretenir, ou s'en accommoder (ce que vous faites avec vos amis).
12. Ne pas chercher à passer en force. Une position, un avantage, conquis par la force (de la volonté ou de la séduction) au prix d'une compétition acharnée, ne sont jamais sûrs, « garantis ». Ils demandent encore plus d'énergie, d'efforts pour être gardés que pour se gagner. Ils sont générateurs d'angoisse (à l'idée de les perdre), de stress (pour les préserver). Plus le temps passe, et plus ils sont difficiles à gérer, à défendre.
13. Ne pas défendre à n'importe quel prix son territoire ou son point de vue. Si vos idées, vos projets ne conviennent pas, renoncez-y. Au moins provisoirement.
14. « Décrocher » systématiquement pour ne pas envenimer les situations, les relations.
15. Ne pas jeter d'huile sur le feu. La plupart des problèmes qu'on peut avoir les uns avec les autres se règlent d'eux-mêmes quand on n'en fait pas toute une histoire.

Que faire avec ses propres émotions négatives ?

Vous êtes en colère contre quelqu'un ou contre vous-même, déprimé, submergé par des émotions négatives... Est-il préférable d'analyser ces émotions pour mieux les comprendre, quitte à faire durer ses mauvaises humeurs un peu plus longtemps, ou de s'efforcer de penser à autre chose et aller de l'avant ? Selon les psychologues Ethan Kross de l'Université du Michigan et Ozlem Ayduk de l'Université de Californie à Berkeley, il vaut mieux analyser nos sentiments négatifs que tenter de les oublier. Ils ont montré que les personnes qui adoptaient une attitude de recul en analysant des émotions de colère liées à un événement étaient moralement plus en forme que ceux qui avaient tenté d'oublier. Ils étaient moins déprimés, plus calmes. Et ce, aussi bien dans les heures suivant l'événement qui avait tout déclenché que plusieurs jours plus tard. Analyser ses sentiments aiderait ainsi non seulement à s'adapter dans le court terme mais aussi à plus long terme.

Source : *Psychological Science*

Chapitre 26

Comment affirmez-vous votre autorité ?

Bien sûr, on aimerait bien tous (enfin, presque tous) former une grande famille, mais la dure loi (darwinienne) de la nature, et de l'entreprise, fait qu'il y a nécessairement plus d'exécutants que de chefs. Les armées qui n'ont que des colonels perdent les guerres (les autres aussi, mais elles ne le font pas exprès). Bref, une équipe a toujours besoin d'un chef. Pour organiser (élaborer un plan de travail, en fixer les étapes...), coordonner (gérer les informations, les tâches, les événements...), déléguer (répartir les tâches), contrôler (veiller à la bonne exécution...), mais aussi et surtout, pour lisser les ego des uns et des autres, et trancher en cas de conflit, afin que tout le monde œuvre dans le même sens. Pourquoi certains sont-ils des chefs-nés et d'autres pas ? La « cheffitude » serait-elle génétique (comme les yeux bleus, l'infidélité...) ? On aurait ou pas le gène du commandement ? Peut-être. Mais toutes les études menées par les sociologues ou les spécialistes du management révèlent que, même spontanée, l'aptitude à diriger dépend d'abord de l'expérience. On ne naît pas patron, on le devient. De fait, le vrai leader n'est pas toujours le patron théorique, mais celui ou celle qui a le plus de charisme, ou dont les suggestions, les propositions sont le plus souvent adoptées.

Savoir s'imposer, se faire obéir, c'est tout un art. Quand on est petit, on obtient tout ce qu'on veut en poussant des hurlements ou, au contraire, en la jouant tout sourires. Adulte, on apprend forcément (pas tous) à nuancer. Chacun son style. Trouvez le vôtre et améliorez-le.

	Pas du tout d'accord	Pas d'accord	Plutôt d'accord	Tout à fait d'accord
Quand vous avez quelque chose à dire à quelqu'un, vous allez droit à l'essentiel.	c	b	d	a
Pour vous, tous les problèmes sont des opportunités.	b	c	a	d
Vous êtes toujours très attentif au comportement « non verbal » des autres.	b	a	d	c
En cas de difficulté, vous cherchez d'abord les points d'accord.	b	a	d	c
Les spéculations sur l'avenir ne vous intéressent pas ou peu.	d	a	c	b
Vous détestez être interrompu quand vous parlez.	c	d	b	a

	Pas du tout d'accord	Pas d'accord	Plutôt d'accord	Tout à fait d'accord
Vous avez du mal à déléguer, vous préférez souvent faire les choses.	a	c	d	b
On vous a souvent reproché d'avoir une vision un peu trop simplificatrice.	a	c	b	d
Quand vous briefez, vous ne rentrez pas dans les détails.	b	a	d	c
Vous ne supportez pas de voir les autres faire des erreurs (même toutes petites).	c	d	a	b
Vous êtes doué pour faire des mémos de synthèse.	c	b	a	d
Vous êtes plus doué pour analyser les situations que pour trouver des solutions concrètes.	b	c	d	a
On vous a souvent reproché d'être un peu trop technocrate.	c	d	b	a
Vous avez souvent tendance à prendre les critiques pour des attaques personnelles.	a	d	b	c
Vous avez du mal à faire face à l'imprévu et à vous adapter aux changements.	d	c	a	b

	Pas du tout d'accord	Pas d'accord	Plutôt d'accord	Tout à fait d'accord
Vous demandez souvent un peu trop aux autres et les mettez sous pression.	c	d	b	a
Quand vous avez une décision à prendre, vous ne tenez pas compte des sentiments des autres.	c	d	b	a
Vous n'avez pas de mal à dire non.	c	b	d	a
Vous supportez assez mal l'autorité.	B	a	c	d
Vous préférez les méthodes rodées à la prise de risque.	d	a	c	b

Comment analyser vos résultats ?

Comptez vos *a, b, c* et *d,* et reportez-vous au style correspondant (ou aux styles correspondants, si vous avez moins de deux points d'écart entre deux lettres).

Majorité de *a*
Votre style : autoritaire
Vous avez une approche très directe (des gens, des situations). Quand vous voulez quelque chose, vous êtes très directif (où, quand, comment, combien) et vous n'y allez pas par quatre chemins. Et la plupart du temps, vous l'obtenez (vous avez une autorité naturelle, vos compétences sont reconnues...). Mais parfois les autres rechignent ou traînent des pieds : on

vous suit, on vous obéit (parce qu'on vous craint, qu'on ne peut pas faire autrement...), mais « mollement » !

Comment optimiser ?
Montrez-vous plus sensible aux besoins, aux attentes et aux motivations des autres. Vous croyez trop souvent qu'il suffit d'en appeler à la raison (« Il faut ») et à l'objectivité (« On doit »). Prenez plus le temps d'expliquer (le pourquoi et la finalité des tâches, des actions) pour remporter l'adhésion. Et tenez plus compte des disponibilités des uns et des autres (vous éviterez les mouvements d'impatience) et de leurs réelles possibilités.

Majorité de *b*
Votre style : démonstratif
Abordant les problèmes de façon pratique, privilégiant le concret, les faits (mesurables et vérifiables), vous possédez une autorité qui s'appuie d'abord sur l'expérience. Quand vous voulez quelque chose, faire passer une idée, un projet, vous savez argumenter (point par point, avec schémas, plans, exemples à l'appui et fréquents retours en arrière pour être certain d'être bien compris). Mais vous avez aussi souvent tendance à vous noyer dans les détails (vous noyez en même temps les autres) en perdant de vue les vrais enjeux.

Comment optimiser ?
Resituez toujours les faits dans un contexte : ne mettez pas seulement en avant la nécessité des tâches, des actions, leur efficacité et leurs résultats immédiats, mais aussi leur finalité (profits et avantages futurs). Et sollicitez les suggestions, voire les objections, de vos collaborateurs : c'est le meilleur moyen de s'assurer que tout est clair (définition des tâches, degré de liberté accordé, résultats attendus, moyens affectés, délais...).

Les femmes plus douées pour s'imposer !

Dans les temps passés, l'autorité était essentiellement basée sur la crainte. Actuellement, elle l'est encore au niveau des collectivités, des États : le respect des règles et des lois dépend pour beaucoup de la peur des sanctions. En revanche, dans les rapports interpersonnels, l'autorité est aujourd'hui plus fondée sur le respect, l'adhésion, la reconnaissance d'une légitimité. Résultat : les femmes, qui ont généralement plus d'habiletés sociales que les hommes, s'imposent plus facilement. C'est ce que montre, par exemple, une étude menée pendant cinq ans (la plus grande enquête réalisée à ce jour), par le cabinet Pfaff (conseil en ressources humaines) auprès de 2 500 managers dans 450 entreprises disséminées sur tout le territoire américain. Notées par leurs supérieurs, leurs collaborateurs et leurs subordonnées, les femmes l'emportent haut la main sur leurs homologues masculins dans 17 des 20 domaines de compétence étudiés. Elles sont meilleures pour communiquer (plus sympathiques, plus à l'écoute...) et pour déléguer des responsabilités, mais aussi dans les secteurs où les hommes sont supposés plus doués : la capacité de décision, l'organisation et l'établissement des règles de travail, etc.

Majorité de *c*
Votre style : consensuel
Donnant la priorité à l'humain, au dialogue, vous êtes soucieux des autres (leurs motivations, attentes, disponibilités), vous n'imposez jamais, vous les encouragez toujours à s'exprimer (objections, suggestions…) pour remporter l'adhésion. Mais en voulant être trop consensuel, non seulement vous perdez beaucoup en temps, efficacité, productivité, mais, en plus,

vous brouillez les signaux (qui fait quoi, quand, comment, dans quel délai...) et, souvent, les choses ne se font pas, ou pas comme vous le souhaitez.

Comment optimiser ?
En faisant un peu moins confiance à la bonne volonté apparente des autres et en étant plus ferme. Quand vous avez une demande à faire, une idée à vendre, un projet à mettre en place, ne cherchez pas à jouer au plus malin sous prétexte de ménager les susceptibilités (mais au fond par manque d'autorité). Annoncez la couleur et définissez clairement les responsabilités (assurez-vous que chacun est conscient des siennes).

Majorité de *d*
Votre style : persuasif
Vous avez une approche intuitive des gens, des situations, vous savez d'instinct ce qu'il faut dire, faire, pour remporter l'adhésion. La plupart du temps, vous obtenez ce que vous voulez (vous vendez vos idées, vos projets, vous êtes « obéi »...) sans faire pression ni brusquer. Mais vous avez tendance à sous-estimer le poids des habitudes (des autres) et l'inertie des systèmes. Du coup, après des débuts prometteurs (les autres sont « enthousiastes »), souvent on ne suit pas (les bonnes volontés s'effilochent avec le temps).

Comment optimiser ?
Ne vous contentez pas de jouer sur votre charisme, de donner des directives (ou de lancer des scénarios, des solutions, des idées, des projets...) et, ensuite, de laisser filer en espérant que tout se passera bien (vous êtes souvent un peu trop optimiste). Mettez en place des procédures de contrôle (suivi des actions, des résultats...) pour montrer votre implication et vous assurer que les autres pensent et agissent dans le sens voulu.

Chapitre 27

Savez-vous déléguer ?

Tout bon manager le sait : on ne réussit jamais seul (ou alors que de petites choses). Déléguer a toujours été une condition indispensable au succès, que ce soit pour construire un empire industriel, gérer une famille nombreuse ou vivre un tour du monde à la voile en solitaire. Encore plus aujourd'hui, où, tout s'accélérant, on a de moins en moins le temps de tout faire. Savoir déléguer devient de plus en plus indispensable. Sur le plan personnel, pour gagner du temps et se concentrer sur l'essentiel de son travail. Sur le plan collectif : déléguer, c'est aussi un levier pour motiver les autres, forger une équipe gagnante. On sait tout cela, pourtant dans la pratique, on est loin du compte : la plupart des spécialistes de la question estiment qu'environ 80 % des tâches effectuées par les cadres pourraient en fait être déléguées.

Êtes-vous capable de déléguer ? Comment l'être davantage ? Cochez chaque fois que vous vous reconnaissez dans les affirmations suivantes.

- ❑ Quand vous faites une erreur, vous n'arrêtez pas d'y repenser.
- ❑ Vous trouvez qu'il est plus rapide de faire les choses vous-même que de prendre le temps de les expliquer.
- ❑ Vous êtes très compétitif, vous ne tolérez pas de faire moins bien que d'autres.
- ❑ Vous refaites souvent le travail que vous avez confié à d'autres.
- ❑ Vous voulez faire les choses très bien, ou pas du tout.
- ❑ Pendant vos absences (déplacements, vacances...), le travail n'avance pas ; vous retrouvez les mêmes problèmes à votre retour.
- ❑ Vous demandez la perfection aux autres.
- ❑ Vous avez du mal à faire des compliments.
- ❑ Vous ne demandez pas d'aide si cette demande peut être perçue comme une lacune ou une faiblesse.
- ❑ Vous pensez qu'il faut toujours respecter les règles.
- ❑ Vous êtes toujours le dernier à céder.
- ❑ Vous travaillez souvent le week-end.
- ❑ Vous avez souvent du mal à tenir les délais.
- ❑ Vous vous faites un devoir de corriger les autres quand ils se trompent.
- ❑ Vous ne parlez presque jamais avec les membres de votre équipe de sujets qui ne concernent pas le travail (sport, loisirs, politique, vie privée...).
- ❑ Vous êtes très conscient des demandes et des attentes des autres.
- ❑ Vous avez du mal à jeter (vieux magazines, catalogues, prospectus, agendas de plus de deux ans, stylos devenus inutilisables...).
- ❑ Vous êtes très soucieux de ne pas faire de fautes devant les autres.
- ❑ Vous déléguez souvent quand vous ne pouvez pas faire autrement.

- ❑ Vous remarquez les erreurs partout.
- ❑ Vous prenez assez mal les critiques, vous ne supportez pas d'être désapprouvé.
- ❑ On vous a souvent reproché de vouloir imposer votre manière de faire.
- ❑ Quand vous avez une décision importante à prendre, vous attendez souvent la dernière limite.
- ❑ Vous vous sentez souvent très fatigué.
- ❑ Après avoir pris une décision, vous avez souvent peur de ne pas avoir pensé à tout.
- ❑ Les surprises, même les bonnes, vous mettent toujours un peu mal à l'aise.
- ❑ Vous ne vous confiez pas beaucoup aux autres par crainte que ce soit utilisé contre vous.
- ❑ Quand vous n'allez pas bien (mentalement, physiquement), vous avez besoin de vous isoler.
- ❑ En voiture, c'est toujours vous qui conduisez.
- ❑ Vous avez souvent des crampes ou des douleurs musculaires (nuque, épaules, dos, jambes…).
- ❑ Dès que les choses ne se passent pas comme prévu, vous avez tendance à vous énerver.
- ❑ Quand votre patron vous fait un compliment, vous vous demandez toujours si c'est du lard ou du cochon.
- ❑ On vous a souvent reproché de manquer d'humour, de tout prendre au sérieux.
- ❑ Vous avez souvent peur d'être déçu par les gens.
- ❑ Quand vous avez un rendez-vous, vous arrivez toujours très en avance.
- ❑ Vous avez souvent l'impression qu'une catastrophe va vous tomber dessus (ou sur votre équipe).
- ❑ Quand vous avez le choix, vous allez toujours dans les mêmes boutiques et les mêmes restaurants.
- ❑ Vous détestez devoir annoncer une mauvaise nouvelle à votre patron.

- ❑ Chaque fois que vous commencez une nouvelle mission, vous vous demandez si vous allez être à la hauteur.
- ❑ Vous avez rarement pris plus de quinze jours de vacances d'affilée depuis que vous travaillez.

Comment analyser vos résultats ?

Comptez le nombre de fois où vous avez répondu « oui » et reportez-vous au profil correspondant.

Moins de 11 « oui »
Votre capacité à déléguer : très élevée
Peut-être avez-vous une nature confiante : vous créditez toujours a priori les gens du meilleur. Et/ou vous devez être bien entouré : on délègue plus facilement quand une équipe est rodée. En tout cas, vous faites sans peine le tri entre ce qui peut et doit être réalisé par les autres et ce qui relève de votre seule responsabilité. Comment être un meilleur délégant ? En vous assurant plus régulièrement de la bonne exécution des tâches, car vous avez parfois tendance à penser que « délégué = réglé ». Et en faisant régulièrement un bilan : qu'est-ce que le partage des tâches a apporté à vous-même, aux gens à qui vous avez délégué, à l'efficacité de l'équipe, du service.

Les truffes recrutent des truffes...

C'est ce que révèle une étude de l'université de Grenade. Les incompétents ont l'habitude de s'entourer de collaborateurs tout aussi peu efficaces.
Une étude du département de psychologie sociale de l'université de Grenade a révélé que plus quelqu'un se

sent qualifié pour exercer des responsabilités, plus il préfère travailler avec des sujets compétents et sociables. En revanche, plus il se perçoit comme incapable, plus il préfère avoir à ses côtés des personnes moins compétentes et moins sociables. Ainsi, il évite d'entrer en concurrence avec un subordonné autant ou plus qualifié, qui pourrait le démasquer.

Source : Sciences et Avenir.com

De 12 à 20 « oui »
Votre capacité à déléguer : assez élevée
Aucun blocage pour déléguer : vous n'attendez pas d'y être contraint et forcé par les événements. Vous savez vous délester des travaux qui peuvent être faits par les autres pour vous concentrer sur les tâches dont vous seul pouvez vous acquitter. Mais pour vous, cela consiste souvent à vous débarrasser du plus ennuyeux (ce que vous connaissez par cœur, ce qui prend beaucoup de temps), voire des problèmes. Du coup, vous évaluez parfois mal les capacités de vos collaborateurs et vous n'en tirez pas le meilleur parti. Pour mieux déléguer, posez-vous des questions basiques : « Qui peut faire quoi, au mieux ? », « Qui peut faire les choses à ma place et, maintenant, qui peut être formé pour le faire plus tard ? »

Plus de 20 « oui »
Votre capacité à déléguer : plutôt basse
Êtes-vous d'un tempérament si anxieux que vous préférez tout contrôler, ou êtes-vous perfectionniste au point de trouver que les autres font toujours moins bien ? En tout cas, aujourd'hui, vous ne déléguez que contraint et forcé, souvent en catastrophe et jamais avec la conscience tranquille (vous êtes souvent sur le dos des autres, vous

refaites après eux, etc.). Comment déléguer plus souvent (et plus sereinement) ? Fixez les règles par écrit, afin de vous rassurer : description précise de la tâche ou de la mission que vous confiez, objectifs, moyens mis à disposition pour la réaliser, marge de manœuvre de la personne en charge, délais d'exécution, suivi d'exécution (rendez-vous pour une évaluation des problèmes et des progrès).

Chapitre 28

Êtes-vous bon à l'oral ?

Arthur doit briefer les représentants pour la mise sur le marché du dernier produit de la maison. Il a un peu le trac, ils sont là une bonne cinquantaine à l'attendre, en plus on vient de lui annoncer qu'à cause des retards il n'a plus qu'une demi-heure pour sa présentation. Il entre en scène, les mains crispées sur son dossier, jette un coup d'œil sur son patron assis au premier rang et se lance. Il parle la tête plongée dans ses notes, sans regarder personne, bras ballants... Au bout de deux minutes, tout le monde décroche : Arthur a raté son show. Pas simple de se faire écouter à une époque où tout le monde croit avoir le droit à son quart d'heure de célébrité ! Bien parler en public, c'est évidemment essentiel pour se vendre ou vendre ses idées, pour séduire, convaincre... Tous les grands leaders maîtrisent l'art du discours. À quoi cela tient-il ? Au son d'une voix, certaines sont plus charmeuses que d'autres, à un physique, certains ont plus de charisme que d'autres. Mais, politiciens, acteurs, conférenciers..., tous les maîtres de la prise de parole ont aussi des techniques imparables pour captiver une, deux ou trois cents personnes sans risquer d'endormir ou de se faire jeter dehors. Les avez-vous aussi ? Cochez chaque fois que vous vous reconnaissez dans les affirmations suivantes.

- ❑ « Bonjour, je m'appelle (prénom, nom), je suis (titre, fonction), je fais (intention, projet, ambition)... » : vous oubliez souvent de vous présenter avant de commencer.
- ❑ Les bruits soudains (sonnerie du téléphone, coup de sonnette, porte qui claque...) vous font toujours sursauter.
- ❑ Votre voix est plus dans les aigus que dans les graves.
- ❑ Vous avez un mal fou à être ponctuel.
- ❑ Vous parlez d'une manière un peu monotone (pas ou peu d'exclamations, de changements de rythme ou de tonalité).
- ❑ Vous avez souvent la bouche sèche ou l'impression d'avoir une « boule dans la gorge ».
- ❑ Vous avez toujours été bien meilleur à l'écrit qu'à l'oral.
- ❑ Vous avez tendance à mâcher vos mots.
- ❑ Vous vous rongez les ongles (vous avez tout essayé pour arrêter, mais en vain).
- ❑ Vous parlez souvent les bras croisés.
- ❑ Vous avez tendance à tout prendre au sérieux (on vous a d'ailleurs souvent reproché de manquer d'humour ou de légèreté).
- ❑ Vous avez des tics gestuels (vous tortillez vos cheveux, grattez votre nez, suçotez vos lunettes, etc.).
- ❑ Vous ne vous confiez pas facilement aux autres.
- ❑ Vous ne répétez jamais une intervention.
- ❑ Vous avez tendance à faire des phrases longues et/ou alambiquées.
- ❑ Vous transpirez facilement et/ou vous avez souvent les mains froides et moites.

- ❑ Vous préférez lire vos notes que prendre le risque d'oublier quelque chose.
- ❑ On vous a souvent reproché de parler trop fort (ou pas assez).
- ❑ Quand vous avez des visuels à présenter, vous regardez les visuels.
- ❑ Vous avez tendance à ressasser les événements passés et à ruminer les mauvaises nouvelles.
- ❑ Quand vous parlez, vous ne vous arrêtez pas avant d'avoir tout dit : vous redoutez trop qu'un ange passe.
- ❑ Avant une intervention, vous ne vérifiez pas la technique (micros, projecteur...).
- ❑ Vous aimez la routine, les changements vous stressent.
- ❑ Vous ne prévoyez jamais de plaisanterie pour détendre l'atmosphère ou (re)capter l'attention.
- ❑ Vous parlez la plupart du temps dans le vide sans regarder personne en particulier.
- ❑ Vous avez du mal à tenir en place (syndrome Sarkozy).
- ❑ « Ton thé t'a-t-il ôté ta toux ? »... Vous trouvez que cette phrase est difficile à prononcer.
- ❑ Vous levez souvent les yeux au ciel en parlant ou vous regardez vos chaussures.
- ❑ Vous avez presque toujours du mal à vous endormir ou vous vous réveillez souvent dans la nuit.
- ❑ Il vous arrive souvent d'agiter les mains dans tous les sens, de pointer du doigt devant vous ou en l'air.
- ❑ « Je veux dire... », « euh... » : vous avez des tics de langage (syndrome Martinon).
- ❑ Vous avez tendance à perdre vos moyens quand vous devez improviser.
- ❑ Vous n'arrivez pas à parler et à sourire en même temps.
- ❑ Au lycée, vous étiez nettement plus doué en maths qu'en langues.
- ❑ Vous dites « je » tout le temps, ou « moi, je ».

- ❑ Vous parlez souvent les mains dans vos poches.
- ❑ Vous mangez très vite (vous finissez souvent avant les autres).
- ❑ Vous n'êtes jamais vraiment à l'aise dans un avion.
- ❑ Quand vous devez faire un discours, vous portez des tenues colorées pour être bien sûr qu'on vous voie.
- ❑ Vous oubliez souvent de remercier pour l'attention qu'on vous a accordée quand vous avez fini de parler.

Comment analyser vos résultats ?

Comptez le nombre de cases que vous avez cochées, et reportez-vous au profil correspondant (ou aux profils correspondants si vous avez moins de trois points d'écart).

Moins de 11 cases cochées
Presque un crac !
Est-ce de l'assurance : vous avez beaucoup de sang-froid ? De l'expérience : vous avez l'habitude de prendre la parole en public ? Ou un mélange des deux ? En tout cas, aujourd'hui vous êtes plutôt à l'aise pour faire face à dix, cent ou trois cents personnes. Vous connaissez la plupart des trucs pour captiver un auditoire, le mettre dans votre poche. Comment faire mieux ? En peaufinant votre voix. Voici quelques phrases à répéter pour mieux articuler. Pour plus de clarté : « De beaux gros bras blancs, de grands beaux draps blancs ». Pour plus de netteté : « Didon, dîna dit-on du dos d'un dodu dindon ». Pour plus de précision : « Si six scies scient six cyprès, six cent six scies scient six cent six cyprès et chaque scie scie son cyprès. » Pour plus de force : « Dis-moi gros gras grand grain d'orge quand te dégros gras grand grain d'orgeras-tu ? Je me dégros gras grand grain d'orgerai, quand

tous les gros gras grands grains d'orge se seront dégros gras grands grains d'orgés. »

De 12 à 22 cases
Trop de couacs !
Vous ne rechignez pas à prendre la parole (bien obligé), mais ce n'est jamais de gaîté de cœur, sans une certaine appréhension. La plupart du temps, vous vous en sortez tant bien que mal, mais vous n'avez pas cette éloquence qui retient l'attention, emporte l'adhésion, séduit les foules. Comment améliorer vos prestations ? En jouant un peu plus sur la mise en scène. Face à votre public, adoptez une posture plus détendue : bassin et buste dans le même axe, tête levée, les pieds ouverts en V, les bras légèrement écartés, mains ouvertes, pour établir un contact corporel global. Avant de commencer, regardez l'assemblée en silence, d'abord loin dans la salle, ensuite plus près ; regardez aussi ceux qui sont sur les côtés. Quand vous parlez, ne le faites pas dans le vide, allez chercher le regard d'un participant, ensuite changez de vis-à-vis à chaque idée. Et soulignez vos propos avec des gestes simples, mains ouvertes, tournées vers votre auditoire (ils doivent partir des hanches et non du buste).

Plus de 22 cases
Trop de trac !
Est-ce un caractère très, très introverti ? Ou alors une trop forte anxiété ? Vous n'êtes pas franchement très doué pour parler devant un public trop nombreux. Vous vous défilez autant que possible, et quand vous ne le pouvez pas, vos prestations sont souvent pénalisées par un trac excessif. Voici quelques débuts de solutions pour vous améliorer (très nettement) : préparez votre présentation en la simplifiant au maximum (mémorisez sa structure : grandes idées clés et articulations), repérez les lieux avant la présentation, répétez

et répétez encore (l'idéal : dans le lieu de votre prestation, en imaginant votre public présent ou en demandant à des amis d'y assister). Et prévoyez aussi une ou deux plaisanteries pour débuter : vous détendrez l'atmosphère et évacuerez une grande partie de votre stress. Mais si vous devez souvent intervenir en public, n'hésitez pas à suivre, dans le cadre de la formation, un stage de prise de parole.

Comment bien parler en public ?

Qui n'a pas eu le cœur à l'envers à l'idée de devoir parler en public. Une vie bien remplie présente de multiples occasions de prendre la parole et d'être jugé sur sa prestation. Vous avez le trac, c'est bien naturel. Faites-en une force comme les (bons) acteurs !

Devant une personne

- Placez-vous à 45° de votre interlocuteur, à sa droite si vous voulez faire appel à son cerveau rationnel, à sa gauche si vous voulez toucher la corde sensible.
- Regardez la personne en face de vous. Il ne s'agit pas de fixer l'autre en permanence, ça peut être anxiogène, mais de garder un contact avec le regard, notamment pour ponctuer les moments importants de votre discussion (après une idée, un argument, une question, une réponse...).
- Pratiquez l'écoute active. Hochez la tête, dites « oui », « je vois », « C'est intéressant » pour montrez à l'autre que vous l'écoutez, que vous n'êtes pas en train de penser à autre chose.
- Soyez expressif sans pour autant vous montrer exubérant (ça devient vite lassant pour l'autre). Mettez du rythme, de la conviction dans vos paroles.

- Parlez en termes positifs. Évitez d'utiliser des formes négatives dans vos phrases ; privilégiez les mots positifs.
- Posez des questions ouvertes comme, « Que pensez-vous de… », « Aimez-vous les… » ou « Où en êtes-vous en ce moment ? »... Ce type de question facilite la communication.
- Oubliez vous. Comme le disait Dale Carnegie : « Il est beaucoup plus facile de s'intéresser aux autres que de les convaincre de s'intéresser à nous ».
- N'ayez pas peur des silences. Le silence laisse le temps à une idée, un argument, une question, de faire son chemin. Et puis, mieux vaut se taire plutôt que de dire des âneries !
- Reprenez les mots de l'autre et reformulez. « Comme vous venez de le dire... », « En fait, si je vous ai bien compris... ». Cette méthode montre à la personne en face de vous que vous l'écoutez vraiment.

Devant deux ou trois personnes

- Placez les personnes à qui vous voulez vous adresser en face de vous, mais seulement si vous êtes en position de force ou si votre intervention est très protocolaire.
- Asseyez-vous bien au fond de votre siège pour avoir les reins calés contre le dossier et le buste ouvert.
- Posez vos mains sur la table, bien ouvertes, pour ne pas vous tendre ; ne vous penchez pas en avant et ne vous appuyez pas sur vos coudes.
- Posez vos pieds bien à plat par terre au lieu de les replier ou de les croiser sous votre siège.
- Prenez votre souffle avant de commencer une phrase ; ponctuez vos phrases par un silence.
- Adressez-vous en priorité à la personne la plus importante, mais ne faites pas l'erreur de vous adresser

à elle seule, même si l'autre ou les autres ont un rôle passif.

- Regardez vos interlocuteurs dans les yeux pour retenir leur attention, mais ne les défiez pas en les regardant droit dans les yeux.
- Montez le volume quand vous voulez affirmer, convaincre, communiquer votre détermination ; baissez le volume et ralentissez votre débit quand vous avez quelque chose à proposer ou si vous voulez rassurer.
- Veillez à garder un visage détendu (front, sourcils, bouche...) lorsque vous écoutez.
- Débarrassez-vous de vos manies (comme faire des nœuds avec vos cheveux ou vous mordre les lèvres) et de vos tics de langage (les « vous voyez ce que je veux dire », « moi, je », « ben... heu ! », etc.).

Sourire, c'est mourir un peu

Sourire tout le temps, en bon hypocrite, c'est excellent pour fluidifier les rapports sociaux, mais très mauvais pour la santé. C'est ce que vient de montrer une étude effectuée par le département de psychologie du travail de l'université de Francfort auprès des « professionnels » du sourire. Les vendeurs, les hôtesses de l'air et les serveurs sont les plus exposés au « syndrome de l'épuisement professionnel » (*burn out*). La cordialité factice donne des rides, mais provoque aussi un affaiblissement des défenses immunitaires, qui s'accompagne de stress, de dépression et de troubles de la personnalité. Bref, souriez, mais pas trop.

Süddeutsche Zeitung, Munich

Devant plusieurs personnes

- Placez-vous de côté (c'est moins solennel), mais de manière à avoir tous les participants dans votre champ de vision.
- Laissez tomber vos bras le long de votre corps. Des bras détendus donnent des gestes spontanés.
- Avant de commencer, regardez le groupe en silence, cherchez d'abord les regards « amis », puis celui de chaque participant.
- Chaque fois que vous devez changer de place, arrangez-vous pour lancer un bref regard à chacune des personnes présentes.
- Respirez amplement avant de vous lancer.
- Adressez-vous à la personne la plus importante du groupe, mais regardez aussi chaque participant.
- Formez les mots distinctement avec les lèvres quand vous parlez. Le mouvement des lèvres capte aussi l'attention. Quand on articule bien, notre visage est plus expressif.
- Soulignez vos propos avec des gestes simples, mains ouvertes, tournées vers votre auditoire ; ils doivent partir des hanches et non du buste.
- Évitez d'agiter les mains dans tous les sens, de pointer du doigt devant vous (geste menaçant) ou en l'air (geste pédant).
- Si vous avez des visuels à présenter, placez-vous le plus près possible de l'écran sur un côté et restez tourné face au groupe.
- Après avoir exprimé une idée forte, regardez votre auditoire en silence, en fixant chacun des participants pendant une ou deux secondes.

Devant une assemblée

- Placez-vous face au public, la tête levée et les bras légèrement écartés, mains ouvertes, pour établir un contact corporel global.
- Adoptez une posture détendue : bassin et buste dans le même axe, épaules et bras tombants, les pieds ouverts en V. Évitez de vous balancer d'avant en arrière, de vous appuyer (sur un mur, un pupitre...).
- Avant de commencer, regardez l'assemblée en silence, d'abord loin dans la salle, ensuite plus près ; regardez aussi ceux qui sont sur les côtés.
- Quand vous parlez, ne le faites pas dans le vide, allez chercher le regard d'un participant, ensuite changez d'interlocuteur à chaque idée.
- Parlez en prenant appui sur les consonnes pour donner plus de force à vos propos.
- Ponctuez chacune de vos phrases par une intonation finale et un silence pour laisser le temps à vos idées de faire leur chemin et pour reprendre votre souffle. Dès que vous parlez, ne touchez plus votre corps : pas de mains dans les poches, dans le dos, croisées devant le bas-ventre, passées dans les cheveux, etc.
- Mais ne restez pas bras ballants ; sortez vos mains de votre espace corporel (un cercle d'un mètre de diamètre autour de vous) et ouvrez-les vers votre auditoire.
- Quand vous cherchez vos idées, regardez l'assemblée, ni en l'air ni par terre.
- Si vous devez consulter vos notes, faites-le tranquillement (et non fébrilement) et récréez ensuite le contact avec le regard avant de reprendre votre exposé.

CHAPITRE 29

SAVEZ-VOUS MANIER LA MAUVAISE FOI ?

Ce n'est pas du mensonge, mais ça y ressemble quand même. Ce n'est pas de l'hypocrisie, mais ça en a le parfum un peu mielleux. Au fond, la mauvaise foi s'apparente beaucoup à la mauvaise volonté. Une spécialité de fainéant, de traîneur de pied, d'« avanceur » à reculons, de débordés chroniques, d'« oublieur » en série. Avec elle rien ne se fait, tout est extraordinairement compliqué, progresse mollement. Pourtant la mauvaise foi est une qualité essentielle, ne serait-ce que pour éviter la précipitation, freiner les ardeurs intempestives. Sans elle, d'ailleurs, pas de management possible ou alors au prix de nombreux conflits.

Êtes-vous capable de cet art difficile ? D'être de mauvaise foi à bon escient et d'en bien doser les effets (pas assez vous passez pour un « brutal », trop pour un « faux-jeton ») ? Voici dix-huit situations de « bureau », cochez chaque fois la réponse qui correspond à ce que vous feriez.

1/ Vous avez pris beaucoup de retard sur un dossier, vous vous dédouanez en disant :

a. « J'ai eu une panne d'ordinateur, c'est pourquoi j'ai pris du retard. »
b. « J'ai pris du retard parce que j'ai eu une panne d'ordinateur. »

2/ Dans l'idée de renégocier votre salaire, vous approchez votre patron en lui disant :

a. « Comme vous me l'aviez laissé entendre, le moment est venu de.... »
b. « Je voudrais que vous me consacriez un moment pour vous parler de... »

3/ Votre patron vous reproche une présentation client un peu bâclée, vous lui répondez :

a. « Désolé, mais on a été un peu pris de court.
b. « Les consultants ne nous ont pas fourni tous les éléments à temps. »

4/ Un client, avec qui vous avez rendez-vous, vous annonce que finalement il ne peut vous accorder que dix minutes, vous lui dites :

a. « Ce n'est pas grave, ça me fait plaisir de vous voir. »
b. « C'est bien embêtant, on avait beaucoup de choses à voir ensemble. »

5/ Votre patron vous fait part de son mécontentement parce que dans le cadre d'une négociation que vous menez, vos interlocuteurs ont revu leur proposition à la baisse, vous lui dites :

a. « On n'était pas censés avoir ce problème, je vais voir ce que je peux faire. »

b. « Il y a peut-être eu des fuites chez nous, vous êtes sûr de tout le monde ici ? »

6/ Un prestataire de services revient à la charge avec une proposition qui ne correspond pas à vos besoins, vous lui dites :

a. « Dommage pour vous, mais mon patron ne veut pas en entendre parler… »
b. « Je vous l'ai déjà répété trois fois, ça ne m'intéresse pas. »

7/ Vous proposez à un collaborateur un modèle de voiture de fonction plus économique en lui disant :

a. « Cette voiture a toutes les options que vous désirez. Qu'en pensez-vous ? »
b. « Cette voiture a toutes les options qu'il vous faut. Elle est faite pour vous. »

8/ Un collaborateur se plaint que ses notes de frais ne lui ont toujours pas été remboursées, vous plaidez :

a. « Ils ont dû les zapper à la compta, c'est toujours le souk chez eux. »
b. « C'est ma faute, je n'ai pas eu le temps de les signer, je m'en occupe tout de suite. »

9/ La direction générale vous félicite pour un gros succès que votre équipe a remporté, vous reconnaissez :

a. « Tout le monde s'est donné à fond sur ce projet. »
b. « Je crois n'avoir jamais travaillé aussi dur, mais ça en valait la peine. »

10/ Un client vous demande d'avancer une livraison ; vous savez que vous ne tiendrez pas les délais, alors vous lui dites :

a. « Pas de problème, sauf incident indépendant de notre volonté. »
b. « Je ne crois pas que ce soit possible, mais on va faire tout notre possible. »

11/ Excédé par votre attitude, un collaborateur vous demande si vous avez un problème avec lui, vous lui répondez :
a. « Oui, c'est vrai, j'ai l'impression qu'on ne peut pas se comprendre. »
b. « Mais non, vous êtes trop susceptible, mon vieux. »

12/ Vous devez annoncer à un nouveau venu que vous ne donnez pas suite à sa période d'essai ; vous lui dites :
a. « Comme vous avez pu le constater, vous n'avez pas réussi à vous faire accepter par l'équipe, alors… »
b. « Je n'ai pas été convaincu de votre prestation, alors… »

13/ Vous avez fait à votre assistante une promesse que vous ne pouvez pas tenir ; vous vous en sortez ainsi :
a. « Je me suis avancé un peu trop vite, finalement ça ne sera pas possible de… »
b. « Je vous avais seulement dit "peut-être", une fois de plus vous avez pris vos désirs pour… »

14/ Vous devez informer un collaborateur qu'un projet sur lequel il a beaucoup travaillé ces derniers mois n'a pas été retenu ; vous lui dites :
a. « On ne gagne pas à tous les coups, c'est la vie. »
b. « J'ai défendu bec et ongles votre projet, mais ils n'ont rien voulu savoir là-haut. »

15/ Quand vous perdez un appel d'offres, vous dites :
a. « On a été moins bons sur ce coup-là, la prochaine fois on fera mieux. »

b. « Dans la conjoncture actuelle, c'est peut-être une bonne chose qu'on n'ait pas gagné ce budget. Qui sait si nous aurions été payés ? »

16/ Un « ami » dans la boîte vous reproche de lui avoir caché des infos préjudiciables pour lui ; vous vous défendez :

a. « Parano comme tu es, j'ai préféré ne pas te dire la vérité. »

b. « Franchement, je ne savais pas comment te le dire, j'ai eu tort. »

17/ Si votre patron présente en réunion un projet auquel vous êtes très opposé, vous argumentez sur le thème :

a. « Vous avez sûrement raison, mais vous avez conscience que vous prenez un gros risque. »

b. « Cela ne marchera pas, toutes les données sont contre nous. »

18/ Suite à une énième restructuration, vous devez renvoyer un proche collaborateur, vous lui dites :

a. « Pas de chance pour toi, mon vieux, mais tu étais le dernier arrivé. »

b. « C'est une chance pour toi, tu vaux beaucoup mieux que tout ce que la boîte peut t'offrir. »

Comment analyser vos résultats ?

Comptez un point pour chaque réponse *b* aux questions 1, 3, 5, 7, 9, 11, 13, 14, 15, 18 et un point par réponse *a* aux questions 2, 4, 6, 8, 10, 12, 16, 17.

Moins de 5 points
Vous n'êtes pas assez langue de bois
Est-ce de la naïveté (« tout le monde, il est beau, il est gentil ») ? De l'idéalisme ? Vous croyez que l'homme est un être raisonnable et qu'il suffit de lui faire valoir ses intérêts ou d'en appeler à la nécessité pour régler les problèmes, fluidifier les rapports. En tout cas, aujourd'hui, vous êtes encore un peu brut de décoffrage : toutes les vérités ne sont pas bonnes à dire. Vous devez faire des progrès dans le parler langue de bois pour gagner de l'ascendant. Regardez plus souvent les interviews des hommes politiques à la télé ou observez comment répondent les stars quand on leur pose des questions sur des sujets dont elles n'ont aucune idée. Et apprenez !

De 5 à 10 points
Vous n'êtes pas loin d'être parfait
D'un côté, vous savez quand dire vrai, aller au plus direct, appeler un chat un chat. Prenant vos responsabilités, vous assumez vos choix et vos décisions (même quand elles doivent être désagréables pour les autres) et vous ne vous défaussez pas en cas d'erreur. Du coup, vous êtes éminemment crédible. De l'autre, vous n'hésitez pas à faire preuve de mauvaise foi quand celle-ci vous permet de ne pas froisser les susceptibilités ou de dramatiser les problèmes, de désamorcer d'éventuels conflits et d'aller de l'avant. De fait, vous avez tout (la main de fer et le gant de velours) pour faire honneur à Machiavel (un grand réaliste) et mener les hommes.

Plus de 10 points
Vous êtes un peu trop langue de bois
Vous avez fait vos classes chez les jésuites, pris des cours de rhétorique (l'art de bien parler) ou alors vous avez un don

pour noyer le poisson… En tout cas, chez vous, la mauvaise foi est une seconde nature. Spontanément, vous trouvez toujours les mots pour faire passer les pilules les plus amères et avaler les couleuvres, ou convaincre à bon compte vos interlocuteurs de penser et d'agir dans votre sens. Avantage : vous pouvez vous tirer de toutes les situations (ce n'est jamais votre faute). Revers de la médaille : votre influence est surtout hiérarchique, vous n'êtes pas assez charismatique pour être suivi. Alors, misez plus souvent sur la bonne foi.

Comment apprendre à parler la langue de bois ?

La langue de bois, c'est le B.A.-BA de la persuasion. On l'enseignait autrefois dans les cours de rhétorique (l'art de bien parler). Aujourd'hui, c'est le petit-lait que tètent les énarques et autres bébés décideurs. Une panoplie de vieilles astuces langagières qu'utilisaient déjà Aristote et Cicéron. Elle date tellement qu'on pourrait penser que tout le monde est vacciné, mais elle marche toujours. C'est la base du discours chez les politiques, les diplomates, les avocats et les hommes d'affaires. Savoir parler langue de bois, c'est utile, même quand on ne fait pas carrière. Par exemple, pour convaincre la baby-sitter de traverser tout Paris en grève (trois heures au minimum) pour garder Arthur un mercredi après-midi, ou le plombier d'abandonner un vrai chantier pour venir changer un joint dans votre salle de bains. Voici vingt trucs pour convaincre à bon compte vos interlocuteurs.

- Commencez vos phrases en disant : « Je sais… », « Je crois… », « Je sens… », etc. Vous donnez ainsi une apparence de sens à ce qui n'en a pas. Par exemple : « Je sais que vous et moi, ce n'est pas seulement professionnel. » Vous ne prouvez rien, ne vous engagez à rien, mais vous avez l'air sincère.

- Faites parler les faits quand vous devez annoncer quelque chose de désagréable. Par exemple : « Dans la conjoncture actuelle, c'est peut-être une bonne chose qu'on n'ait pas gagné ce budget. Qui sait si nous aurions été payés. »
- Niez d'emblée ce dont on pourrait vous soupçonner pour exorciser le jugement négatif : « Je ne veux pas vous forcer la main... »
- Exprimez des valeurs. Par exemple, si votre patron vous demande : « Est-ce que vous me faites confiance ? » et si vous êtes embarrassé pour répondre oui ou non, dites : « Je crois en la sincérité. »
- Parlez en termes définitifs (jamais, aujourd'hui plus que jamais, toujours, etc.), absolus (ne dites plus « c'est bien », mais « c'est parfait », ne répondez pas simplement « oui » quand on vous demande si vous vous appelez bien Nicole, mais « tout à fait »).
- Truffez vos propos de phrases toutes faites : « Le mieux est l'ennemi du bien », « À l'impossible, nul n'est tenu », « On ne peut pas avoir le beurre et l'argent du beurre », etc.
- Employez des métaphores. Par exemple : « Celui qui est à terre ne peut aider celui qui tombe » (proverbe anglais), au lieu de dire tout bêtement « non ».
- Faites corps. Dites « nous » au lieu de « vous et moi » : « Si nous allions parler de ma prochaine augmentation », au lieu de « Je voudrais vous parler de... »
- Créez-vous un slogan qui « verrouille » votre image dans l'esprit de votre interlocuteur. Par exemple, « Marie, la reine des chiffres », même si vous avez du mal à calculer une TVA à l'envers, ou « Jérôme, le roi

de la purée », même si vous faites des grumeaux une fois sur deux.

- Jouez votre propre avocat du diable : « Bien sûr, vous pourriez me reprocher de... », « C'est vrai, je ne suis pas une sainte... »
- Ressortez les grands poncifs : « La femme est l'avenir de l'homme », « Ce qui est important, c'est l'essentiel »...
- Prenez l'habitude d'apostropher les gens en général et votre patron en particulier : « Vous, mes chers collègues... », « Vous, l'Andy Warhol de la finance, le Bill Gates de la plomberie... », etc.
- Pratiquez l'anaphore. Cela consiste à commencer des séries de phrases par les mêmes mots. C'est comme une incantation. Au lieu de dire : « Je vous apprécie parce que vous êtes un patron formidable », vous dites : « Je vous apprécie parce que c'est vous. Je vous apprécie pour vos idées. Je vous apprécie parce que vous m'appréciez... »
- Dressez des constats pour vous donner une apparence d'objectivité : « C'est vrai que... », « Il faut dire que... », « On peut voir que... », etc.
- Faites référence à ce qui a été dit : « Comme vous l'avez dit vous-même... », « On avait dit que... » (quand ça ?).
- Répétez les mêmes formules pour pratiquer le bourrage de crâne. Comme Alain Delon, par exemple, qui serine à chaque interview : « Alain Delon, il... »
- Prenez les devants face à une éventuelle contradiction : « Je voudrais réfléchir avec vous... », « J'aimerais bien voir avec vous... ».
- Jouez sur des oppositions pour dramatiser les enjeux : hier/aujourd'hui, aujourd'hui/demain, vouloir/pouvoir, dire/faire, croissance/décroissance, structurel/conjoncturel, etc.

- Présentez les choses comme des conséquences (vous n'y êtes pour rien) plutôt que comme des effets (c'est toujours un peu de votre faute). Vous vous dédouanez mieux en constatant : « J'ai eu une panne d'ordinateur, c'est pourquoi j'ai pris du retard », qu'en vous justifiant : « J'ai pris du retard parce que j'ai eu une panne d'ordinateur. »

Chapitre 30

Êtes-vous un redoutable négociateur ?

Savoir quand parler, quand écouter, quand se montrer dur, quand lâcher du lest... Un bon négociateur a souvent des qualités contradictoires. Bien sûr, il existe des méthodes et des techniques pour bien négocier, mais il faut avoir aussi des aptitudes personnelles (à la relation, à l'écoute, au raisonnement, à l'argumentation, etc.). Les avez-vous ? Voici une série de cinq propositions, souvent sans grand rapport. Choisissez chaque fois celle qui correspond le plus à votre personnalité.

a. Quand votre assistante se trompe, vous le lui reprochez longtemps.

b. Vous finissez souvent vos phrases par des questions.

c. Vous emportez souvent du travail avec vous en week-end ou en vacances.

d. Vous vous énervez quand les autres ne comprennent pas tout de suite.

e. Vous pensez que vous n'avez pas le droit à l'erreur (dans votre travail et en général).

a. Quand vous briefez quelqu'un, vous vous efforcez de lui donner le plus d'informations possible.
b. Vous vous demandez souvent si votre patron est content de vous.
c. On vous a souvent reproché de compliquer les choses plus que nécessaire.
d. En réunion, vous avez presque toujours la bougeotte.
e. Vous pensez que vous n'êtes pas employé à votre juste valeur.

a. On vous a parfois reproché de pontifier un peu trop.
b. Vous détestez devoir annoncer des nouvelles désagréables.
c. Vous vous demandez souvent si vous allez être capable de réaliser vos objectifs.
d. Vous coupez souvent la parole à vos interlocuteurs.
e. Quand vous avez un problème, vous vous débrouillez pour trouver une solution tout seul.

a. Vous êtes très compétitif et ne supportez pas de faire moins bien que les autres.
b. Vous vous montrez souvent d'accord avec les gens même si vous pensez qu'ils se trompent.
c. Vous traînez des pieds quand on vous demande de faire des choses que vous n'avez pas envie de faire.
d. Il vous est arrivé plus d'une fois d'oublier un rendez-vous.
e. Vous vous mettez rarement en colère.

a. Vous ne pouvez pas vous empêcher de corriger les gens quand ils se trompent.

b. Vous détestez les conflits, même quand vous n'êtes pas directement en cause.

c. Il vous arrive souvent de poser plusieurs questions à la suite, sans attendre les réponses.

d. Vous êtes souvent en retard dans votre travail, obligé de boucler dans l'urgence.

e. Vous n'aimez pas trop les compliments.

a. Vous trouvez souvent que les autres, notamment votre patron, vous en demandent trop.

b. Vous êtes plutôt un gentil, vous avez du mal à dire « non ».

c. Vous avez souvent le sentiment que tout est difficile et compliqué dans votre travail.

d. Vous perdez souvent un temps fou à retrouver vos affaires (dossier, clefs, lunettes, etc.).

e. Quand vous êtes convaincu d'avoir raison, vous avez du mal à en démordre.

a. Quand on vous présente un dossier, vous décelez vite les failles, le détail « qui tue ».

b. Vous êtes très sensible à la qualité de votre environnement de travail.

c. Vous ne supportez pas que votre assistante se roule les pouces.

d. Vous faites souvent des fautes d'étourderie dans votre travail.

e. Quand quelque chose ne va pas, vous serrez les dents et vous prenez sur vous (au lieu de vous plaindre).

a. Vous ne demandez pas d'aide si cela doit être considéré comme une lacune ou une faiblesse.

b. Vous avez du mal à vous séparer d'une assistante, même quand vous la jugez nulle.

c. Vous préférez faire un mémo plutôt qu'expliquer, discuter.

d. Vous avez du mal à rester concentré sur la même tâche plus de vingt minutes d'affilée.

e. Les situations conflictuelles ne vous font pas peur.

Comment analyser vos résultats ?

Comptez le nombre des différentes lettres obtenues et reportez-vous au paragraphe correspondant.

Majorité de *a*
Vous êtes un négociateur précis
Vous arrivez toujours bien préparé (et à l'heure !) : votre dossier est parfaitement maîtrisé, vous vous êtes informé sur « l'adversaire ». Avec des objectifs clairs (vous placez la barre de la réussite très haut), des arguments affûtés. Vous n'êtes pas rigide (vous paraissez confiant, vos propos sont sans animosité), et vous vous montrez ouvert à la discussion.

Pour être encore plus redoutable
Un négociateur brouillon risque de vous faire perdre vos repères, de vous irriter et, finalement, de vous entraîner à conclure « c'est ça et rien d'autre ». Comment l'éviter : en prenant un temps de recul (pause-café, break) pour peser les avantages d'une solution « juste assez bonne » et les inconvénients de ne pas aboutir.

Majorité de *b*
Vous êtes un négociateur flexible
Vous êtes plutôt bienveillant, vous jouez d'emblée la coopération, vous mettez les gens à l'aise. Vous évitez tout ce qui dans votre langage et votre comportement pourrait

mettre sur la défensive votre interlocuteur, voire lui sembler menaçant. Attentif, pendant la négociation, à préserver la relation et à éviter l'affrontement, vous montrez que vous essayez sincèrement de communiquer et de trouver une base d'accord.

Pour être encore plus redoutable

Dans le réel souci de satisfaire votre interlocuteur, vous pouvez être tenté, particulièrement en fin de négociation, d'accepter des solutions de compromis au détriment de vos propres besoins et des intérêts de votre entreprise. Comment y remédier : accordez-vous toujours un temps de réflexion pour vérifier que vous n'êtes pas en train de vous « faire avoir », avant de boucler une négociation.

Majorité de *c*

Vous êtes un négociateur tenace

Vous prenez le temps (pas question de se satisfaire d'une solution rapide) : vous avez besoin de vous assurer que toutes les options et alternatives ont été envisagées. Et vous ne vous découragez pas, que la situation devienne laborieuse ou qu'elle connaisse un blocage (vous n'hésitez pas à tout reprendre depuis le début si nécessaire). Bref, vous êtes bon dans les négociations longues et difficiles, d'autant que vous êtes aussi capable de trouver des solutions « créatives », hors des sentiers battus.

Pour être encore plus redoutable

L'énergie que vous déployez est une bonne chose la plupart du temps car elle amenuise les défenses de vos interlocuteurs, mais elle peut aussi parfois (quand vous en faites trop) se retourner contre vous, sous forme d'agacement, voire d'abandon. Alors dosez pour ne pas user.

Majorité de *d*
Vous êtes un négociateur efficace
Pour vous, il faut que tout aille vite. En général, vous allez droit au but, vous faites tout pour boucler des accords rapidement. Et vous avez tendance à vous énerver si les débats ne progressent pas assez vite, voire même à vous désintéresser de la discussion quand elle traîne vraiment trop. Au risque de ne pas atteindre exactement l'objectif que vous vous êtes fixé.

Pour être encore plus redoutable
Vous êtes particulièrement bon pour négocier en situation de crise ou d'urgence. Mais face à des interlocuteurs pointilleux, peu pressés, vous pouvez devenir vulnérable. Comment pallier cette difficulté ? En négociant à deux, avec un partenaire plus vigilant au cœur de la discussion, et qui vous repasse la main au moment de conclure.

Majorité de *e*
Vous êtes un négociateur coriace
Pour vous, une négociation, c'est un peu un affrontement entre deux volontés comme au poker. Vous savez parfaitement masquer tout ce qui pourrait donner prise à l'autre : sentiments, doutes, instants de découragement, excitation à l'approche du succès… Imperturbable, difficile à déchiffrer pour vos interlocuteurs, vous êtes particulièrement bon dans les négociations à fort enjeu.

Pour être encore plus redoutable
Peu conviviale, votre attitude peut parfois rendre les discussions plus ardues que nécessaire, notamment dans les négociations à faible enjeu. Vous devez apprendre à vous détendre, à créer du lien pour éviter de provoquer de l'animosité et de mettre vos interlocuteurs sur la défensive.

9 techniques pour bien négocier

Pour une bonne négociation (vous obtenez ce que vous voulez), que ce soit avec votre conjoint pour qu'il s'occupe un peu plus des enfants, votre banquier pour qu'il vous accorde un découvert ou un client pour décrocher un contrat, vous devez respecter un certain nombre d'étapes plus ou moins incontournables pour multiplier vos chances de succès.

1/ Donnez-vous une marge de manœuvre

Un bon négociateur se pose toujours deux questions : « Qu'est ce que je veux idéalement ? » (son objectif maximal) et « Qu'est-ce que je peux accepter pour être satisfait ? » (son objectif minimal).

2/ Croyez à vos chances de succès

Le principe : celui d'une fameuse pub « Tout ce qui ont gagné ont joué ». Si, au fond de vous-même, vous partez perdant (« je n'obtiendrez rien »), ce n'est même pas la peine d'essayer.

3/ Assurez-vous que l'autre a « le pouvoir de dire oui »

Souvent nos demandes échouent parce qu'on n'accorde pas assez d'attention aux contraintes ou aux obligations des autres.

4/ Faites jouer les « amis des amis »

Tout comme vous, les autres sont influençables. Vous doublez vos chances de succès en mettant dans votre camp, les personnes en qui ils ont confiance.

5/ Choisissez le bon moment

On est tous plus disponibles, réceptifs, à certains moments qu'à d'autres. Alors guettez le moment propice.

6/ Sachez miser sur l'affectif

La plupart de nos décisions sont irrationnelles quoi qu'on en dise. Alors jouez à la sympathie, à l'affectif (« ça me ferait tellement plaisir ») plutôt que de faire une demande « carrée ».

7/ Jouez-le « gagnant gagnant »

Le principe : montrer à votre interlocuteur qu'en vous accordant ce que vous lui demandez, il y gagne aussi.

8/ Ne finissez pas en queue de poisson

Souvent, à la fin d'une négociation, parce qu'on a peur d'un refus, on n'ose pas exiger une réponse. N'hésitez pas, posez la question : « Alors, c'est oui ? ».

9/ Ne mettez pas une croix

Un « non », surtout chez les hommes, ce n'est jamais catégorique, définitif. Ça veut dire : « pas maintenant ». Alors revenez à la charge en cas de refus.

Plus d'optimisme, plus de réussite !

De nombreuses études montrent que la capacité à voir le bon côté des choses est un facteur majeur de réussite. Par exemple, les étudiants optimistes réussissent mieux leurs examens (tout en travaillant moins). Alors, avant de vous lancer dans une négociation qui compte, assurez-vous de voir le verre à moitié plein !

Chapitre 31

Êtes-vous un fin stratège ?

Il était un temps (moral) où chacun faisait (plus ou moins bien) ce qu'il avait à faire et ça marchait tant bien que mal. Aujourd'hui, à l'heure où tout le monde peut avoir son quart de gloire à la télévision, ça ne suffit plus. Élever des enfants (sans trop de bobos), être bon au poker ou réussir sa carrière, ça suppose des qualités très pointues. En Chine, quand les dieux veulent récompenser un mortel, ils lui offrent un livre de stratégie, où l'on trouve toutes sortes de ruses, par exemple : tuer avec une épée d'emprunt, transformer le vrai en faux, s'asseoir et regarder qui gagne et qui perd, voir clair et faire l'idiot, laisser courir pour mieux saisir... Être un fin stratège, ce n'est pas donné à tout le monde. Ça suppose d'être capable de mener des opérations complexes. Mais pas seulement. C'est aussi anticiper : veiller à tout ce qui peut influer sur sa vie, son bien-être, son travail (problèmes personnels, conflits d'intérêts, etc.). Au fond, c'est un problème de gestion de l'information : être au courant, faire savoir (et pas seulement savoir-faire)... Tout un art ! Dans quelle mesure en êtes-vous capable ? Cochez chaque fois que vous vous reconnaissez dans les affirmations suivantes.

- ❑ Vous vous excusez quand vous confiez un travail pénible à un collaborateur.
- ❑ Vous connaissez les prénoms des enfants de votre patron et de votre assistante.
- ❑ Quand vous sentez une résistance, vous n'insistez pas.
- ❑ Quand quelqu'un réussit un joli coup, vous le félicitez devant tout le monde.
- ❑ Vous prêtez l'oreille à tout ce qui se dit, même les rumeurs ; toutes les informations peuvent servir.
- ❑ Vous préférez laisser croire aux autres que c'est vous qui pensez comme eux, et non pas eux qui pensent comme vous.
- ❑ En cas de problème, vous cherchez à « laver votre linge sale en famille ».
- ❑ Vous faites toujours vos propositions par deux pour laisser une alternative aux autres.
- ❑ En cas de désaccord, vous n'hésitez pas à céder du terrain pour rapprocher les points de vue.
- ❑ Quand vous devez remonter les bretelles à un collaborateur, vous le prenez entre quatre yeux.
- ❑ Quand vous l'emportez sur quelqu'un, vous lui laissez toujours les moyens de sauver la face.
- ❑ Vous n'êtes pas avare de compliments quand votre patron a une bonne idée.
- ❑ En revanche, vous lui trouvez des excuses quand il s'est trompé.
- ❑ Quand un équipier a un problème personnel, vous essayez de trouver des solutions (au lieu de vous retrancher derrières les règles).
- ❑ Plus vous détestez quelqu'un, plus vous êtes tout sourires.

- ❑ Vous parlez avec les autres des sujets qui les intéressent, quitte à vous ennuyer.
- ❑ Vous ne prenez pas parti dans les conflits entre chefs (en tout cas en apparence).
- ❑ Vous ne mettez jamais votre patron « au pied du mur ».
- ❑ Vous savez « perdre » avec le sourire.
- ❑ Vous dites rarement « je », mais plus souvent « vous » ou « nous ».
- ❑ Vous ne cherchez pas toujours à avoir le dernier mot (même si vous avez raison).
- ❑ « Vous faites comme vous voulez », « c'est toi qui vois »..., vous laissez toujours les autres libres de...
- ❑ Vous faites votre part des corvées.
- ❑ En cas de conflit « sac de nœuds », vous pensez que très souvent la meilleure solution est de ne rien faire.
- ❑ Vous avez le succès modeste.
- ❑ Vous vous montrez coopératif aussi longtemps que l'autre coopère.
- ❑ Vous savez « encaisser » quand vous avez fait une bourde.
- ❑ Quand un collaborateur est malade, vous pensez à passer un coup de fil pour prendre de ses nouvelles.
- ❑ Vous préférez rompre le contact plutôt que vous mettre en colère.
- ❑ Vous vous débrouillez toujours pour laisser un autre annoncer les nouvelles désagréables.
- ❑ Vous traînez souvent le soir au bureau après le travail.
- ❑ Quand quelqu'un est dans une mauvaise passe, vous avez toujours un petit mot gentil (même si vous n'en pensez rien).
- ❑ En cas de succès, vous mettez toujours l'accent sur les résultats obtenus par l'équipe.
- ❑ Vous savez prêcher le faux pour savoir le vrai.

- ❑ Vous « soignez » (pas trop quand même) l'assistante de votre patron.
- ❑ « Bien sûr, vous pourriez me reprocher de… » : vous n'hésitez jamais à jouer votre propre avocat du diable.
- ❑ « Comme vous l'avez dit vous-même… » : avec vos chefs, vous faites souvent référence à ce qui a été dit.
- ❑ Dans une discussion, vous vous efforcez toujours de prévoir les objections de vos interlocuteurs.
- ❑ Quand on vous pose une question embarrassante, vous répondez toujours par une autre question.
- ❑ Vous avez un réseau d'informateurs.

Comment analyser vos résultats ?

Comptez le nombre de fois où vous avez répondu « oui » et reportez-vous au profil correspondant.

Moins de 11 « oui »
Vous n'êtes pas très diplomate
Est-ce de la timidité : vous n'êtes pas très à l'aise socialement, les relations publiques ne sont pas votre fort ? Ou de la rigidité (intellectuelle, morale…) : vous ne pensez qu'analyses, méthodes, procédures, résultats ; le facteur humain vous dépasse complètement ? En tout cas, vous avez trop souvent le nez dans le guidon, vous ne prenez pas assez le temps de soigner vos relations (vers le haut et le bas). Comment corriger le tir ? D'abord, en libérant du temps (le manque de temps est votre meilleur alibi pour ne pas en consacrer aux autres). Affichez « disponible » (surtout si vous n'osez pas aller vers les autres : porte ouverte, nez hors dossiers, pauses-café, sourires, etc.). Et soyez plus attentif. Comme la moitié de ce qui se dit dans une conversation de cinq minutes est oublié dans les huit heures et 90 % dans les trois jours, vous

zappez sans vous en rendre compte des informations qui peuvent être importantes.

De 12 à 24 « oui »
Vous êtes assez fin politique

Pas de doute, vous avez ce qu'il faut. La psychologie : vous percevez plutôt bien les autres (personnalité, sentiments, intentions...), vous anticipez plutôt bien leurs comportements. La diplomatie : vous savez enrober, mener une affaire avec tact, brosser les chefs, les équipes dans le bon sens du poil. La flagornerie : vous n'avez pas honte de flatter bassement si c'est pour la bonne cause (vos intérêts, ceux de la boîte...). Qu'est-ce qui cloche ? Juste qu'à vouloir être bien avec tout le monde (concilier les chèvres et les choux, marier les carpes et les lapins), vous manquez parfois d'autorité pour être complètement crédible (et suivi). Comment pouvez-vous améliorer ? En ne cherchant pas à être trop malin. Autrement dit, en ayant un comportement clairement identifiable, pour que les autres sachent mieux à quoi s'en tenir (et comprennent l'intérêt de coopérer), au lieu de s'interroger sur vos motifs, voire, pire, de vous faire des procès d'intention.

Plus de 25 « oui »
Vous êtes quasi machiavélique

Vous êtes extrêmement vigilant (surtout si vous êtes plus proche des 35-40 points), attentif aux autres (l'œil et l'oreille ouverts à l'affût de la moindre information qui pourrait changer la donne). Vous avez conscience des différences (idées, attitudes, priorités, méthodes...), des enjeux, des rapports de force, et vous savez en jouer : être là au bon moment avec la ou les bonnes personnes, dire les mots qu'il faut quand il faut dans la bonne oreille, courtiser quand vous devez (vers le haut et le bas), profiter d'une « faiblesse » pour faire avancer vos pions… Le risque (à part de passer pour un intrigant) : vous méfier de tout et de tout le monde, voir des rivaux ou des ennemis en puissance partout. Alors, lâchez du lest ! C'est bien de savoir ruser, d'avoir du tact, mais vous réussirez beaucoup mieux et plus sereinement (moins de pressions, de stress, d'inquiétudes…) en étant plus spontané dans vos relations (même si vous commettez parfois des impairs).

CHAPITRE 32

SAVEZ-VOUS PASSER ENTRE LES GOUTTES ?

Récession, perte de repères, de visibilité à court, moyen et long terme, difficultés et concurrence accrues, dégraissages, chômage... Rien ne va plus dans le ciel bleu de l'entreprise. L'orage gronde, la foudre s'abat, il tombe une petite pluie, parfois des hallebardes. Dans ces cas-là, la nature reprend ses droits : seuls les plus « forts » survivent. Ceux qui savent faire le dos rond (pour encaisser en attendant que cela passe) ou se faire tout petits (pour être le moins mouillés). Les « souples », mais aussi les futés : ceux qui prennent les problèmes, voire les catastrophes, pour des opportunités, qui savent rester efficaces, positifs, constructifs malgré les nouvelles contraintes, en dépit de tous les bouleversements. Êtes-vous de ceux-là ? Comment optimiser ? Entourez chaque fois l'affirmation qui vous correspond le plus.

1/ a. Je suis facilement atteint par les événements même quand ils ne me concernent pas directement.

b. Je suis assez distancié par rapport aux événements en général.

2/ a. Mon bureau est toujours très bien rangé ; je ne supporte pas le désordre.
b. Mon bureau est toujours un peu en fouillis, mais je m'y retrouve facilement.

3/ a. Je suis plutôt susceptible ; je prends tout très à cœur.
b. Je ne fais pas de tout une affaire personnelle ; je sais relativiser.

4/ a. Je vis trop loin de ma famille (grands-parents, parents, cousins...) pour leur rendre visite facilement.
b. Je vis assez près de ma famille pour leur rendre visite facilement.

5/ a. Je fais toujours mon maximum pour que les autres aient une bonne opinion de moi.
b. Je n'attache pas trop d'importance à l'opinion des autres ; je me contente d'être moi-même.

6/ a. Sur les photos de mes 20 ans, je ne suis pas spécialement souriant.
b. Je suis très souriant sur les photos de mes 20 ans.

7/ a. Quand j'ai une décision à prendre (même une petite), j'ai toujours peur de me tromper.
b. Je me décide toujours très rapidement, même dans les cas difficiles.

8/ a. Je trouve que le statu quo est souvent préférable, surtout quand un changement demande trop d'efforts.

b. Je ne recule pas devant l'effort quand je pense qu'il sera payant.

9/ a. Quand on me demande de parler de moi, je ne sais pas trop quoi dire.
b. Je peux me décrire, définir mes défauts comme mes qualités, sans difficulté.

10/ a. J'ai souvent tendance à remettre les choses au lendemain, particulièrement les corvées.
b. Quand je dois faire quelque chose, je ne traîne pas.

11/ a. Je trouve qu'on tire toujours plus de leçons de ses succès.
b. Je trouve qu'on tire toujours plus de leçons de ses échecs.

12/ a. J'ai souvent beaucoup de mal à m'endormir et/ou je me réveille souvent dans la nuit.
b. Je dors souvent comme un bébé.

13/ a. Dans la vie, je pense que c'est toujours mieux quand on comprend (les gens, les situations, etc.).
b. Je pense qu'on ne peut pas tout comprendre.

14/ a. J'ai des idées très arrêtées ; je m'entête facilement.
b. Je me laisse facilement convaincre ou séduire par la nouveauté d'une idée.

15/ a. Quand j'ai besoin d'aide, j'ai souvent du mal à l'obtenir.
b. Quand j'ai besoin d'aide, j'en trouve facilement.

16/ a. Je suis plutôt quelqu'un de prudent ; j'attends de voir.

b. Je pense qu'il faut savoir prendre des risques ; je me décide souvent très vite.

17/ a. Je me sens un peu paniqué quand il y a trop de problèmes.
b. J'ai plutôt tendance à prendre les problèmes comme des opportunités.

18/ a. Quand je pense à l'avenir, le mien, celui de tout le monde, je ne suis pas très optimiste.
b. Je pense qu'avec le temps, et un peu de bonne volonté, les choses finiront par s'arranger.

19/ a. Je suis plutôt superstitieux ; les choses n'arrivent jamais par hasard.
b. Je touche parfois du bois, mais je ne suis pas spécialement superstitieux.

20/ a. Quand je me trompe sur quelqu'un ou quelque chose, je m'en veux longtemps.
b. J'essaie de comprendre pourquoi afin de ne pas faire deux fois la même erreur, et je tire un trait.

Comment analyser vos résultats ?

Comptez votre nombre de réponses *a* et reportez-vous au profil correspondant (ou aux profils correspondants si vous avez moins de deux points d'écart entre deux valeurs).

Moins de 8 *a*
Comme tous les grands pragmatiques, vous êtes rarement surpris en cas de gros orage ou quand le pire arrive. Petite ou grande épreuve, vous réagissez (presque toujours) comme il

faut : stoïque (il y a des choses contre lesquelles on ne peut rien), positif (après la pluie, le beau temps), volontaire (il n'y a que des solutions, pas des problèmes). Bref, un modèle d'adaptation qui vous permet de passer avec succès à travers les crises et de rebondir quoi qu'il arrive.

Comment optimiser ?
Le problème est que tout le monde n'est pas comme vous : cool, assuré... En cas de tensions, la pression monte et votre entourage a souvent des comportements irrationnels, agressifs, etc. Bref, vous devez rassurer pour obtenir une meilleure coopération des individus et des équipes. Cela suppose de prendre du temps (pour dialoguer, expliquer) et d'être un peu plus attentif au facteur humain (états d'âme, problèmes personnels des uns et des autres...).

De 8 à 12 *a*
Avez-vous une nature plutôt optimiste : après un coup dur, vous retrouvez plus vite que la plupart des gens votre sérénité intérieure ? Un tempérament assez flegmatique : dans les crises, vous ne perdez jamais votre sang-froid ? En tout cas, vous êtes particulièrement doué pour passer entre les gouttes (en restant d'humeur égale, efficace malgré les difficultés, en rebondissant bien après un échec, une déconvenue...).

Comment optimiser ?
Vous manquez parfois des bons réflexes pour tirer partie des opportunités. Vous vous contentez un peu trop de vous adapter (en limitant les risques, voire la casse), de faire le dos rond (en attendant que l'orage passe) au lieu de prendre des initiatives. Toutes les situations de crise sont profitables quand on sait actionner les bons leviers. Alors, soyez plus à l'affût de tout ce qui pourrait améliorer votre situation, votre futur, et montrez-vous proactif.

Plus de 12 *a*

Est-ce un excès d'appréhension : vous avez tendance à paniquer quand le tonnerre gronde et que des étincelles apparaissent ? Ou de la rigidité : vous « bloquez » quand vous perdez vos points de repère ? En tout cas, vous êtes vite déstabilisé par les événements et vous êtes trop exposé, vulnérable par les temps qui courent. Vous devez absolument apprendre à relativiser et à contourner les obstacles au lieu de les prendre de front.

Comment optimiser ?

D'abord, en décompressant. La plupart des « batailles » menées au quotidien n'en valent pas la peine. Elles font entrer dans un engrenage tensions-stress, stress-tensions : on supporte jusqu'au jour où on craque. Mieux vaut fuir (dans la mauvaise foi, les RTT...), plier plutôt que casser. Ensuite, en pensant les bouleversements en termes d'opportunités de carrière au lieu de contraintes supplémentaires. Mais pour cela, vous devez avoir un peu plus confiance en vous !

CET OUVRAGE
A ÉTÉ ACHEVÉ D'IMPRIMER
SUR ROTO-PAGE
PAR L'IMPRIMERIE FLOCH
À MAYENNE EN JUILLET 2009

N° d'impr. 74294.
D. L. : août 2009.
(Imprimé en France)